Ausgesprochen reformiert

Predigten

Herausgegeben von Simon Butticaz, Line Dépraz,
Gottfried Wilhelm Locher und Niklaus Peter

T V Z

Schweizer Predigtpreis 2014

Ausgesprochen reformiert

Predigten

Herausgegeben von Simon Butticaz, Line Dépraz,
Gottfried Wilhelm Locher und Niklaus Peter

T V Z
Theologischer Verlag Zürich

sek • feps

Der Schweizer Predigtpreis ist ein Projekt des Schweizerischen
Evangelischen Kirchenbundes SEK.

Die Deutsche Bibliothek – Bibliographische Einheitsaufnahme
Die Deutsche Bibliothek verzeichnet diese Publikation in der
Deutschen Nationalbibliographie; detaillierte bibliographische
Daten sind im Internet über http://dnb.ddb.de abrufbar.

Die den Predigten vorangestellten Bibelstellen werden
nach der Zürcher Bibel (2007) zitiert
© 2007, Zürcher Bibel/Theologischer Verlag Zürich.

Umschlag
Simone Ackermann

Druck
ROSCH-BUCH, Scheßlitz

ISBN 978-3-290-17775-1

© 2014 Theologischer Verlag Zürich
www.tvz-verlag.ch

*Die französische Version erscheint gleichzeitig bei Les Editions
Labor et Fides: Prédications. Un best of protestant. Prix Suisse
de la prédication 2014, ISBN 978-2-8309-1563-1*

Inhalt

6

Gottfried Wilhelm Locher, Präsident des Rates,
und Simon Butticaz, Projektleiter des «Predigtpreises»

Vorwort

Aus dem Französischen übersetzt von Monika Carruzzo

«Also kommt der Glaube aus der Verkündigung, die Verkündigung aber geschieht durch das Wort von Christus.» (Röm 10,17) In diesem Zitat des Apostels Paulus wird die besondere Berufung sichtbar, die mit dem Predigen verbunden ist. Die Verkündigung ist unglaublich wichtig für die Entstehung des Glaubens. So verstehen es zumindest die Kirchen der Reformation. Sie sagen: Der Glaube entwickelt sich aus dem Hören (ex audito), und die Kirche wird durch das Wort geschaffen (creatura Verbi). Nach Martin Luther zeichnet sich der Christ dadurch aus, dass er Ohren hat («habere aures»)[1]!

Predigen, die lebendige Stimme des Evangeliums verkünden, ist demnach nicht optional, sondern im Gegenteil ein konstitutives Amt der gläubigen Gemeinde, ein zentrales Wesensmerkmal (eine nota ecclesiae). Denn ohne öffentliche Verkündigung des Gotteswortes stirbt der Glaube und die Kirche verschwindet. Daher hat das Predigtamt in den reformierten und lutherischen Kirchen einen unantastbaren Status erlangt. Wird diese Funktion an einen Pfarrer oder an eine Pfarrerin delegiert, so werden diese damit zu Dienern am göttlichen Wort – zu Verbi divini ministri, was zu V. D. M. abgekürzt in der deutschsprachigen Tradition dem Vornamen und Namen des Pfarrers oder der Pfarrerin angehängt wird.

Infolgedessen ist auch verständlich, dass es der französische Protestantismus kurz nach Widerrufung des Ediktes von Nantes (1685) für nötig befand, die besondere Aufgabe der Verkündigung Laienpredigern, die manchmal auch «Prädikanten»

genannt wurden, anzuvertrauen. Louis XIV. hatte die ekklesio-
logische Eigenart der Hugenotten nicht erkannt und geglaubt,
die Kirche führungslos zu machen, als er ihre Pfarrer ins Exil
schickte: Aber Kirche in der protestantischen Tradition basiert
nicht auf einem institutionalisierten Klerus, sondern auf der
getreuen Verkündigung des Wortes! Oder, wie es das Zweite
Helvetische Bekenntnis in einer klassisch gewordenen For-
mulierung ausdrückt: «[…] wir lehren aber, jene sei die wahre
Kirche, bei der die Zeichen oder Merkmale der wahren Kirche
zu finden sind: vor allem die rechtmässige und reine Verkündigung des Wortes Gottes […]»[2].

Dennoch, angesichts der heutigen Krise der historischen
Kirchen gibt es viele Stimmen, welche die Kommunikation des
Evangeliums in Frage stellen. Die Predigten seien zu intellek-
tuell, zu lang, zu kompliziert, zu abstrakt, sie sollten ganz einfach ausrangiert werden. Die gewonnene Zeit und Energie solle
man besser in die Gemeindearbeit investieren, in soziale Ak-
tionen oder seelsorgerliche Begleitung. Dieser scharfe Angriff
auf die Predigt überzeugt uns nicht, denn gerade Krisenzeiten
erfordern aufbauende und ermutigende Worte. Die Geschichte
des Christentums kennt unzählige Beispiele dafür, wie einige
Worte ausreichen, um den Glauben eines Menschen zu wecken
oder die Kirche wieder aufzurichten. So etwa die Jünger von
Emmaus, die am Ostermorgen Christus zuhören und sich von
seiner «Predigt» packen lassen (Lk 24,13–35), Martin Luther,
der bei der Lektüre von Römer 1,17 sieht, wie sich die Tore des
Paradieses öffnen, oder auch Karl Barth, der bei der Analyse
des Römerbriefes das Wort Gottes als Antwort auf die homiletische Krise seiner Zeit wiederentdeckt.

Bei näherer Betrachtung dieser Porträtgalerie gelangt man
zu der Überzeugung, dass die Predigt weder ein theologischer
Diskurs noch eine moralische Lektion, sondern ein Sprach- bzw.
Wortereignis ist, um mit der Terminologie von Ernst Fuchs und
Gerhard Ebeling zu sprechen. Ein Ereignis, das gleichzeitig an-
redet und etwas bewirkt. Genauer gesagt: In und mit den Wor-

ten des Predigers kann Gott selbst zu Worte kommen und den Menschen ansprechen. Folglich ist die Predigt für die Kirchen und die Gesellschaft eine Chance – heute vielleicht mehr denn je. Eine Gelegenheit, von dem zu sprechen, was uns leben, hoffen und lieben lässt, sich von Gott ansprechen und verwandeln zu lassen, um seinem Ruf in der Welt besser folgen zu können.

Diese Überzeugung liegt der vorliegenden Sammlung zugrunde. Das Buch, dessen Lektüre Sie sich vorgenommen haben, ist eine kleine, aus fünfzehn Predigten bestehende Anthologie. Sie ist entstanden im Rahmen des ersten «Schweizer Predigtpreises», der 2014 vom Schweizerischen Evangelischen Kirchenbund (SEK) ausgeschrieben wurde. Es sind fünfzehn von zwei Jurys[3] sorgfältig ausgewählte Predigten. Exegetische Festigkeit, rhetorische Stärke, theologische Konsistenz und existentielle Bedeutung zeichnen sie aus. Fünfzehn Predigten, die einen kleinen Einblick in die grossartige Vielfalt des Schweizer Protestantismus und seiner «Orte des Wortes» (Sonntags- oder Kasualgottesdienste, Gemeinden in Stadt und Land, Radiopredigten usw.) sowie seiner Akteure geben (Männer und Frauen, Pfarrer und Diakone, Theologinnen und Nichttheologen usw.). Wir hoffen, dass diese fünfzehn Predigten durch das Wirken des «inneren Lehrers»[4], des Heiligen Geistes, zu einer Heilszusage für Sie werden.

---

1   WA 3,228,13ff.

2   Heinrich Bullinger, *Das zweite Helvetische Bekenntnis. Confessio Helvetica Posterior*, Zürich 1966, S. 82.

3   Jury für die deutschsprachigen und rätoromanischen Regionen: Niklaus Peter, Präsident; Ivana Bendik; Walo Deuber; Chatrina Gaudenz; Ralph Kunz; David Plüss. Jury für die Romandie und das Tessin: Line Dépraz, Präsidentin; Didier Halter; Simona Rauch; Kristin Rossier Buri; Paolo Tognina.

4   Johannes Calvin, *Unterricht in der christlichen Religion. Institutio Christianae Religionis*, Neukirchen-Vluyn 2012[3], S. 291.

Niklaus Peter, Präsident der Jury
für die deutschen und rätoromanischen Predigten

Zu den prämierten deutschsprachigen Predigten

Ein Anliegen des «Schweizer Predigtpreises» war es zu zeigen, dass es hierzulande eine lebendige Predigtkultur gibt. Keineswegs sollte es darum gehen, eine Superpredigerin oder einen Superprediger aufs Podest zu heben, gewissermassen eine theologische «Voice of Switzerland» zu küren, vielmehr darum, die Vielfalt dieser Predigtkultur sichtbar zu machen: Deshalb dieses Buch mit dem schönen Titel «Ausgesprochen reformiert». Ein Wettbewerb schliesslich, in dem es nicht um die Einführung unguter «Rating»-Moden gehen sollte, sondern um Gespräche über gute Predigten. So wie Literaturwettbewerbe das Gespräch darüber fördern, was gute Literatur ist.

Wertungen sind unabdingbar, aber auch heikel. Deshalb braucht es Transparenz. Die vom SEK berufene Jury – wir sprechen hier nur von der Jury für die deutschen und rätoromanischen Predigten – war folgendermassen zusammengesetzt: Ralph Kunz und David Plüss, beide Professoren für Homiletik, die Studierende in die Kunst des Predigens einführen; Chatrina Gaudenz, Religionswissenschafterin/ Radiojournalistin, und Walo Deuber, Germanist/Filmemacher – zwei Nichttheologen, die sich professionell mit dem Thema sprachlicher Kommunikation befassen; schliesslich zwei Pfarrpersonen, Ivana Bendik und Niklaus Peter, die selber regelmässig predigen.

Alle 181 eingesandten Predigten deutscher Sprache wurden uns, das war unser expliziter Wunsch, vom SEK vollständig anonymisiert auf Papier zugeschickt, und das heisst:

alle Hinweise auf Orte, Gemeindespezifika und Personen, die Rückschlüsse erlaubt hätten, waren auf den Kopien verdeckt. In drei mehrstündigen Sitzungen haben wir uns zuerst auf Kriterien für eine Beurteilung verständigt, danach die zum Teil abweichenden Bewertungen diskutiert und revidiert. So haben wir uns schliesslich einstimmig auf einen Hauptpreis, auf den Sonderpreis und auf die acht weiteren preiswürdigen Predigten geeinigt, die hier ex aequo zusammen mit den fünf von der französisch-/italienischsprachigen Jury ausgewählten und übersetzten Predigten publiziert sind.

Die sechs für uns leitenden und auf einem Blatt ausführlicher beschriebenen Kriterien waren folgende: a) Ist die Predigt gut gebaut? b) Spricht sie persönlich und aktuell an? c) Eröffnet die Predigt neue Perspektiven, lernt man etwas? d) Ist der Bibeltext ernstgenommen, wird er ausgelegt? e) Hat die Predigt eine prägnante, theologische Botschaft? f) Bringt die Predigerin, der Prediger sich authentisch ein?

Als die Zahl der Einsendungen kontinuierlich auf schliesslich 181 anwuchs, wurde uns etwas mulmig zumute. Berichtet nicht Jacob Burckhardt in seinen «Weltgeschichtlichen Betrachtungen» von jenem englischen Historiker, der über dem Lesen schottischer Puritaner-Predigten eine akute Gehirnlähmung bekommen habe? Nun, diesbezügliche Befürchtungen legten sich schnell, denn die Lektüre der eingesandten Predigten war über weite Strecken eine schöne und erfreuliche Sache, die Schwierigkeit eher, nur 10 preiswürdige auszuwählen.

Der Schweizer Predigtpreis 2014 geht an *Caroline Schröder Field* für ihre Elia-Predigt, die uns durch ihre klare narrative Linie, durch ihre theologische Prägnanz und seelsorgerliche Tiefe beeindruckt hat, mit der die Geschichte Elias, des kämpferischen Propheten, erzählt wird. Wie dieser sich mit seiner ganzen Existenz für die Achtung des ersten Gebotes einsetzt. Wie er dabei aber eine Grenze überschreitet, jene zwischen Gottesgewissheit und Machtmissbrauch, und dann in eine Krise gerät.

Mit feiner Aktualisierung beschreibt Schröder Field diese als eine Erschöpfungsdepression, als ein Zusammenbrechen aller Gewissheiten und alles Gotteseifers, als einen Gang in die Wüste (1Kön 19,4–13a), wo der Prophet mit sich und Gott alleine ist, ihm nun auf eine andere, berührende, geheimnisvolle Weise im Gebet neu nahekommt. Und dann Stück für Stück zurück auf den Lebenspfad geführt wird bis zu dem Punkt, wo Elia Gott selbst in einem zärtlichen Flüstern, in einer «Stimme verschwebenden Schweigens» (so Bubers Übersetzung) begegnet. Bewegend, wie die Predigerin dann ganz persönlich fortfährt: «Darum glaube ich von Elia her dies: Gott ist da am dichtesten bei uns, wo unser zerbrochenes Herz zwischen Leben und Tod schwebt. Denn da – im Schwebezustand zwischen Leben und Tod – wird es empfindlich für eine ganz feine Berührung, abseits vom Lärm der Rechthaberei und abseits vom triumphierenden Gefühl, Gottes Willen zu vollstrecken.» Und eindrucksvoll, wie sie zum Schluss eine Brücke zum Abendmahl und zur Verklärungsgeschichte schlägt, und damit zum Kern dessen, was in einer evangelischen Kirche bedacht und gefeiert wird.

Biblische Texte auslegen heisst nicht über sie zu dozieren, sondern ihrem Erzählsinn vertrauen, bei ihren Bildern verweilen, deren Kraft und Tiefe sichtbar und auf Lebenserfahrungen hin transparent machen. Das ist *Manuela Liechti-Genge* in ihrer Predigt über die Begegnung Jesu mit der Samaritanerin (Joh 4,4–19) besonders gut gelungen, weshalb ihr der Spezialpreis Radiopredigt zugesprochen wird. Gedanklicher Ausgangspunkt ihrer Predigt ist ein oft überlesener Halbsatz im Text «Herr, du hast kein Schöpfgefäss», bei dem die Predigerin verweilt, weil dieser Krug in der Hand der Frau ihr zum Bild für den Lebensdurst der Samaritanerin wird, für jene Sehnsucht nach erfülltem Leben und gestilltem Lebensdurst, nach wirklichem Lebenswasser. So gelingt es der Predigerin, diesen johanneischen Text mit seiner vielschichtigen Symbolik in einer ruhigen, klaren Sprache lebendig werden zu lassen, diesen Brunnen mit seiner Quelle gleichsam zum Sprudeln zu bringen.

Stefan Wellers Predigt packt einen zivilreligiös durch Bettags-Übernutzung gefährdeten Text («Suchet das Wohl der Stadt» Jer 29,7) so überraschend neu an, dass seine lebenspraktische Botschaft zum Leuchten kommt. Nach einem Einstieg bei Alltagskrisen, wie wir sie alle erleben, vermittelt er anschaulich, welch extreme Krisenerfahrung und Glaubensverunsicherung das Babylonische Exil im Jahr 587 gewesen sein muss, wie Verzweiflung, Verdrängung und illusorische Heilsversprechungen die Gemeinschaft jüdischer Exilierter damals geschüttelt haben müssen, wie überraschend deshalb die Botschaft Jeremias an sie: «Verschiebt euer Leben nicht auf ein illusionäres Morgen […] Bleibt nicht auf den Koffern sitzen, packt sie aus und lebt euer Leben im Exil.» Weller deutet dann eine weltgeschichtliche Linie von Jeremias Brief bis zur heutigen Diaspora der Juden an, und zieht darauf eine gegenwartsdiagnostische Linie zur «provisorischen Daseinshaltung» (Viktor Frankl) vieler heutiger Menschen. Eine lebendig geschriebene Predigt, in der man einiges lernt und zugleich auf eine positive Weise nachdenklich wird.

Die Briefe des Apostels Paulus, seine Worte und Sprachbilder sind oft schwer verständlich. Was soll etwa seine Aussage «Ihr seid ein Brief Christi» (2Kor 3,2–9) genau bedeuten? *Martin Dürr* wählt einen humoristischen Einstieg und führt vor Augen, was aus der Kombinatorik von 26 Buchstaben so alles entstehen kann, vom Telefonbuch hinauf bis zum Sonett und hinunter bis zum blöden SMS, um dann deutlich zu machen, welche Form liebevoller Zuwendung ein Brief sein kann. Und darauf entfaltet er die paulinische Aussage mit der Pointe, dass Christen sich – trotz aller Fehler – als Liebesbriefe Gottes verstehen sollten, und was sich verändern könnte, wenn man diese nicht mit Tinte, sondern mit dem heiligen Geist uns eingeschriebene Botschaft wirklich lebt, sie brieflich oder sonst wie an andere Menschen weitergibt.

Dogmatische Kernaussagen wie die Botschaft von der Auferstehung werden gepredigt selten aussagekräftig, sie bleiben oft im Modus der Behauptung. Deshalb setzt *Pascale Rondez* mit ihrer Predigt über das Wort «Wach auf, der du schläfst, und steh auf von den Toten» (Eph 5,14) bei der Erfahrung des Aufwachens ein, wie der Bibeltext sie selbst evoziert, um dann zu einer ruhigen, klaren Meditation einzuladen, was ein «Aufwachen ins Leben» bedeuten könnte. Dabei reflektiert sie sehr behutsam, welche Kraft, aber auch welche Gefahren darin stecken, dass der Text uns als «der Finsternis Entrissene» anspricht: Gefahren eines christlichen Moralismus, der nur in schwarz-weiss denken kann und deshalb diskreditiert ist; welch gute Zumutung trotzdem darin liege, über Moral, über Leiden und Ungerechtigkeit in offener Weise zu sprechen, und so als unvollkommene, aber hoffende Menschen «wieder und wieder aufzuwachen ins Leben und aufzustehen aus Tod und Gleichgültigkeit.»

Das Wort Hochdeutsch suggeriert, dass der gesprochene Dialekt niedriger einzustufen sei, dass er weniger tauge und deshalb für Gottesdienste und Predigten zu meiden sei, genauso wie man von einer Beiziehung volkstümlicher Märchen doch bitte absehen möge. *Verena Salvisbergs* Dialektpredigt über das Wort «Trachtet zuerst nach seinem Reich und seiner Gerechtigkeit, dann wird euch das alles dazugegeben werden» (Mt 6,33) widerlegt beide Vorurteile. Sie schreibt in einem kraftvollen, anschaulichen Berndeutsch, und sie zieht auf eine erhellende Weise das bekannte Grimm'sche Märchen vom Fischer und seiner Frau bei, um über Lebensfülle und Mangel, über Gier und Unersättlichkeit, über Prioritäten im Leben und über politische Zusammenhänge nachzudenken. So gelingt es ihr, das bekannte Jesuswort aus moralischen Fehllektüren zu befreien. Dabei fällt nicht nur auf das Bergpredigtwort, sondern auch auf das Märchen ein überraschendes Licht, das plötzlich von Gottes Wesen, von seiner Armut und seinem Reichtum zu sprechen beginnt.

«Um über Gott zu reden und zu schreiben, braucht es eine lebendige Sprache», schreibt die Schriftstellerin *Maja Peter*.

Und legt in ihrer Schriftstellerinnen-Predigt über die Anfangs-geschichten im Buch Genesis (Gen 1,1–3,24) den Beweis vor, wie eine literarische Befragung den biblischen Text hell werden lässt, wie eine unvoreingenommene Neulektüre Fragen weckt: Fragen nach unserem Menschsein, nach der Kraft wirklicher Worte, nach dem Sinn von Literatur, nach Gott, auch Gottes Frage nach uns. Maja Peters Lektüre ist anzumerken, dass sie keine falsche Unmittelbarkeit sucht, dass sie theologische Kommentare studiert hat, dass sie aber genau das tut, was Literatur tut: nämlich der Sprache vertrauen *und* misstrauen, und also selber Wege und Worte suchen zwischen Allmachtsphantasien und Ohnmachtserfahrungen. Und grossartig, wie ein Klaus Merz-Gedicht den Resonanzraum ihrer Reflexion bildet, ohne dass der Text selbst zitiert oder ausgelegt würde.

In entwaffnender Offenheit sagt **Ruedi Bertschi** zu Beginn seiner Predigt über den übelbeleumdeten Pharisäer und den Zöllner im Tempel (Lk 18,9–14): «Ich will euch den Pharisäer heute Morgen so richtig lieb machen». Nicht nur, weil er selber auf «pharisäischen» Pfaden gewandelt sei und versucht habe, ein wirklich frommer Mensch zu sein, sondern weil die Phari-säer diese pauschale negative Presse einfach nicht verdienten: Denn sie hätten das Wort Gottes ernstgenommen, hätten Syn-agogen, Bibelschulen für Kinder und Erwachsene gegründet; ohne ihre gelebte Frömmigkeit, ohne ihre Leidenschaft für die Heilige Schrift wäre das Alte Testament nach den Wirren der Tempelzerstörung untergegangen. Im zweiten Teil der Predigt erzählt Bertschi dann von den Schattenseiten solch ernsthafter, leistungsorientierter Frömmigkeit, von der Überheblichkeit, von der Verachtung unfrommer Menschen, und von seiner eigenen tiefen Depression: eine Erfahrung, die ihn durchge-schüttelt, damit aber zugleich auch geheilt und gereinigt habe. Diese Predigt hat uns durch ihre Offenheit und Wärme, durch ihre persönliche und narrative Theologie überzeugt.

«Warum sprichst du so wenig von Gott und vom Glauben? Du bist doch Pfarrer!» **Andreas Bruderer** steigt mit dieser an ihn persönlich gerichteten Frage ein, um im Kontext eines Heilungsgottesdienstes über Glauben und Unglauben, Vertrauen und Zweifel zu sprechen. Er tut dies in Auslegung der Geschichte vom Vater, der zu Jesus kommt, ihn um die Heilung seines kranken Knaben bittet und sagt: «Ich glaube, hilf meinem Unglauben» (Mk 9,17–27). Eine eindrücklich ehrliche Predigt über die Urform des Glaubens, der keine Leistung, sondern nur Bitte und Geschenk sein kann, und zugleich eine Auslegung, welche diese Wundergeschichte nicht als Mirakel deutet, sondern als eine Geschichte des Wegs vom Unglauben zum Glauben.

Im Rahmen eines Musikgottesdienstes über die Bachmotette «Ich lasse dich nicht, Du segnest mich denn» entwickelt *Thomas Grossenbacher* eine eindringliche Interpretation der Geschichte von Jakobs Kampf (Gen 32,22–32) – eindringlich in ihren biblischen Bezügen, welche bis in familiengeschichtliche Verbindungen hinein Jakobs Motive und Erfahrungen freizulegen versucht, eindringlich auch, wie der Ausleger Johann Sebastian Bachs musikalische Deutung und eine neuere Theaterinszenierung beizuziehen weiss, um schliesslich eine auf Christus bezogene Deutung vorzuschlagen. Eine Predigt, deren Stärke es ist, dass sie zu intellektueller Reflexion anregt, eine Stärke überdies, dass in ihr die Auslegungsgeschichte als Vertiefung zur Sprache kommt und dabei neue Zugänge öffnet.

Ziel des Schweizer Predigtpreises war es, eine lebendige Predigtkultur sichtbar zu machen – die hier vorgelegte Auswahl repräsentiert nur eine kleine Minderheit dieser Kultur. Wir als Jury jedenfalls waren beeindruckt von der Diversität der Stimmen, von der Qualität und Leidenschaft, mit der gepredigt wird. Und erfreut, als wir schliesslich die Namen erfuhren und realisierten, dass die drei Hauptpreise an Frauen gehen. Denn wir gehören zu den wenigen Kirchen, in denen Frauen ihre Stimme als vollberechtigte Predigerinnen erheben und als gleichwertig anerkannte Seelsorgerinnen und Gemeindeleiterinnen arbeiten können.

Caroline Schröder Field

Elia in der Wüste

Predigt zu 1. Könige 19,4–13a

Er [Elija] selbst aber ging in die Wüste, eine Tagesreise weit. Und als er dort war, setzte er sich unter einen Ginsterstrauch und wünschte sich den Tod, und er sprach: Es ist genug, HERR, nimm nun mein Leben, denn ich bin nicht besser als meine Vorfahren. Dann legte er sich hin, und unter einem Ginsterstrauch schlief er ein. Aber plötzlich berührte ihn ein Bote und sprach zu ihm: Steh auf, iss! Und als er hinsah, sieh, da waren an seinem Kopfende ein geröstetes Brot und ein Krug mit Wasser. Und er ass und trank und legte sich wieder schlafen. Der Bote des HERRN aber kam zum zweiten Mal und berührte ihn und sprach: Steh auf, iss, denn der Weg, der vor dir liegt, ist weit. Da stand er auf und ass und trank, und durch diese Speise wieder zu Kräften gekommen, ging er vierzig Tage und vierzig Nächte lang bis zum Gottesberg Choreb. Und dort kam er zu einer Höhle, und er übernachtete dort. Und sieh, da erging an ihn das Wort des HERRN, und er sprach zu ihm: Was tust du hier, Elija? Und er sprach: Ich habe wahrlich geeifert für den HERRN, den Gott der Heerscharen! Denn die Israeliten haben deinen Bund verlassen, deine Altäre haben sie niedergerissen und deine Propheten haben sie mit dem Schwert umgebracht. Und ich allein bin übrig geblieben, sie aber haben danach getrachtet, mir das Leben zu nehmen. Da sprach er: Geh hinaus und stell dich auf den Berg vor

dem HERRN! Und sieh – da ging der HERR vorüber. Und vor dem HERRN her
kam ein grosser und gewaltiger Sturmwind, der Berge zerriss und Felsen zerbrach,
in dem Sturmwind aber war der HERR nicht. Und nach dem Sturmwind kam ein
Erdbeben, in dem Erdbeben aber war der HERR nicht. Und nach dem Erdbeben
kam ein Feuer, in dem Feuer aber war der HERR nicht. Nach dem Feuer aber kam
das Flüstern eines sanften Windhauchs. Als Elija das hörte, verhüllte er sein Ange-
sicht mit seinem Mantel. Dann ging er hinaus und trat an den Eingang der Höhle.
Und sieh, da sprach eine Stimme zu ihm: Was tust du hier, Elija?

Über Elia lässt sich manches sagen. Er war ein grosser Prophet,
der Königen die Wahrheit sagte. Elia redete mit dem Mut eines
Menschen, der Gott ganz gewiss auf seiner Seite weiss.

So bewundernswert das ist, so gefährlich ist das. Wenn
der Kampf für die Wahrheit zu einem Kampf gegen Menschen
wird, und wenn man dann allzu sicher meint, Gott auf seiner
Seite zu haben, dann kann man leicht über das Ziel hinaus-
schiessen. Ich glaube, dem Elia ist das so ergangen. Auf dem
Berg Karmel überführt er 450 Baalspriester ihrer Unfähigkeit,
und dann lässt er sie allesamt töten. Spätestens da bekommt
sein Eifer für Gott und die Wahrheit erschreckende Züge.

Nach der Tat flieht Elia in die Wüste. Obwohl er am Karmel alle Register gezogen hat, die ein Spitzenprophet wie er
ziehen kann – da ist nämlich immer noch Königin Isebel, seine Erzfeindin, und die trachtet ihm nach dem Leben. Und Elia
merkt: Er kann tun, was er will. Es reicht nicht! Als sei ihm
diese Erkenntnis zu schwer, will Elia mit seinem Prophetenamt
sein Leben niederlegen. Denn er merkt, dass er nicht besser ist
als die, die vor ihm waren. Auch er kann nicht erzwingen, worum andere in Israel vor ihm vergeblich rangen: dass Gottes
Volk das erste Gebot erfüllt. Das erste Gebot? – «Ich bin der
HERR, Dein Gott, der dich aus Ägypten geführt hat, aus der
Knechtschaft. Du sollst keine anderen Götter haben neben mir»
(Dtn 5,6), mit diesem einen Gebot stehen und fallen alle anderen Gebote. An diesem einen Gebot kommt niemand vorbei,
der in Gottes Namen Treue und Gerechtigkeit leben will.

«Du sollst keine anderen Götter haben neben mir» – das ist dem Volk Israel auferlegt. Auch Jesus beruft sich darauf, als der Versucher ihn in die Wüste führt und ihm alle Weltreiche anbietet für einen einzigen läppischen Kniefall vor ihm. Allein, Jesus ist hellhörig genug für die Versuchungen, die dem ersten Gebot die Autorität entziehen. Und nur, weil er hellhörig ist, kann er das verlockende Machtangebot ablehnen.

Auch Elia setzt sein ganzes Leben dafür ein, dass Gott wieder gehört wird, ernst genommen, erwartet und ersehnt in einem Volk, das anderes hören möchte, anderes ernst nimmt, anderes erwartet und ersehnt als jenen Gott, der in der Vergangenheit geredet haben mag, aber heute nur allzu sehr schweigt. Elia hört ihn. Für Elia ist er lebendig und wahr. Doch auch Elia ist nur ein Mensch. Und jetzt ist er ein Mensch, der an sich selbst verzweifelt. Sein Herz ist zerbrochen und schwebt zwischen Leben und Tod. Sehen wir uns diesen Elia an, diesen anderen Elia, für den ich der Bibel herzlich dankbar bin.

Elia in der Wüste. Ein Mensch in einer Erschöpfungsdepression. Allein ist er. Seinen letzten Gefährten hat er fortgeschickt. Sterben möchte er. Was nützen alle seine überwältigenden Taten, wenn Isebel die Macht hat, Elias Leben wie einen Faden abzuschneiden, sobald sie ihn in ihre Finger kriegt? Derselbe Gott, der hinter den Wundern Elias steht, erlaubt es Isebel, am Hebel der Macht zu sitzen, als gäbe es keinen Gott. Was für ein Widerspruch! Dieser Widerspruch legt sich wie ein Schatten auf Elias Gemüt.

Elia flieht, weil alles in ihm zusammenbricht: die berauschenden Erfolge sind Vergangenheit. Gott an seiner Seite – nicht mehr fühlbar. Elia erleidet den furchtbaren Absturz aus Schwindel erregender Höhe in den einsamen Abgrund der Sinnlosigkeit.

So zieht es ihn in die Wüste. Ach, die Wüste. Die menschenleere Wüste. Die Stille. Die Kargheit von Erde, Stein und Sand. Der Ort, an dem Gott sein Volk Israel aus der Taufe hob. Vierzig Jahre hatte Israel gebraucht, bis es die Wüste hinter sich lassen konnte. Mit Haut und Haar hatte Israel die Wüste aufgenommen. Vom Scheitel bis zur Sohle war Israel ein Kind der Wüste geworden, hatte zwischen dem Land der Versklavung und dem Land der Verheissung die Früchte der Wüste genossen, hatte von der Hand in den Mund gelebt – lange, lange bevor es Könige gab in Israel, und hatte erfahren, dass es *Gottes* Hand war. In dieser Wüste findet sich Elia wieder.

Hier ist er mit Gott allein. Hier sind nur noch Elia und Gott übrig. Hier betet er. Elia betet sein dunkles, abgrundtiefes Gebet. Wenn es ein Psalm wäre, könnte der erste Vers lauten: «Ein Gebet, das Leben wegzuwerfen, es auf Gott hin loszuwerden.» Jemand hat einmal gesagt: «Aus der Trostlosigkeit werden besondere Tröstungen hervorbrechen.»[1] Was für ein Trost kann aus der Trostlosigkeit hervorgehen? Welche Blumen wachsen in der Wüste?

Da – ein Wacholderstrauch. Hier unter dem Wacholder ruht Elia wie einer, der gestorben ist. Hier stranden seine Wundertaten, sein Gotteseifer, seine Wahrheitssehnsucht. Hier gibt es kein Halten mehr für Elia, nur noch ein Fallen. Hier gibt es nichts mehr zu tun, nur noch schlafen. Einen traumlosen, todesgleichen Schlaf.

Gott aber. Gott kommt dem Beter in der Wüste nahe. Gott wird ganz Ohr für die dunklen Gebete, die den Menschen in Wüstenzeiten über die Lippen kommen. Gott wird ganz Hand für die Menschen, die sich selbst entgleiten. Und auch das gilt: Gott gibt es den Seinen im Schlaf. *So* nimmt Gott Elias Leben in Seine Hand.

Mit Engelshänden berührt Gott Elia, den Fallenden, den Schlafenden, den zu Tode Müden. Kein «Fürchte dich nicht» gibt hier den Engel zu erkennen. Nur eine sanfte Berührung, mit der der Engel das zerbrochene Herz erreicht. *So* kommt Gottes Engel dem Elia nahe. Bringt ihm zu essen und zu trinken. Unspektakulär. Kein Zaubertrank, der Kräfte verleiht. Kein Zurechtrücken des Kopfes. Kein «Reiss dich zusammen!» und kein «Stell dich nicht so an!» Bloss etwas zu essen und zu trinken. So banal wie eine Scheibe Toast zum Frühstück und eine Tasse Kaffee dazu. Hier ist es Wasser und geröstetes Brot.

Und dann noch eine Runde Weiterschlafen. Die Berührung des Engels hat keine Eile. Sie geschieht in unendlicher Geduld. Die Berührung des Engels gibt dem Schlafenden Zeit. Bis es zumutbar ist aufzustehen. Und sei es bloss zum Essen und Trinken. Und wenn Engel sich freuen können, liebe Gemeinde, wird sich *dieser* Engel gefreut haben, als Elia aufstand, um zu essen und zu trinken. Er wird sich gefreut haben wie ein Mensch, wenn sein nächster Angehöriger wenigstens für die Dauer von Toast und Kaffee, oder von Wasser und Brot ins Leben zurückfindet.

Danach darf Elia weiterschlafen. Und wieder berührt ihn der Engel. Und wieder ist Essen und Trinken das Erste, gleich nach dem Aufstehen. Doch diesmal heisst es: Weitergehen! Der Engel macht dem Elia nichts vor. «Dein Weg ist noch weit», sagt er. «Diese Wahrheit sollst du wissen, Elia, dass dein Weg noch weit ist.» Aber in der Kraft der kargen Speise, geht Elia vierzig Tage, vierzig Nächte, als hole er im Zeitrafferverfahren die vierzig Jahre nach, die Israel einst in der Wüste war.

Elia geht einem Wunder entgegen, dem grössten, das er je erleben wird, dem Wunder, das nicht *er* mit Gottes Hilfe tut, sondern Gott allein. Dies ist das Wunder: Dass Gott auf seine Weise kommt, auf seine wunderbare Wüstenweise. Nicht im dröhnenden Erfolg eines gelungenen Prophetenlebens, nicht in einer Erschütterung, die die Götzendiener entlarvt und den Mächtigen die Hebel der Macht aus den Händen schlägt, und auch nicht im verzehrenden Feuer siegesgewisser Rechtgläubigkeit.

Gott kommt anders. Auf seine Weise. Auf seine wunderbare Weise. Als eine «Stimme verschwebenden Schweigens», wie Martin Buber übersetzte.[2] Als zärtliches Flüstern, das in zerbrochene Herzen fällt, und Menschen nahe kommt wie die sanfte Berührung des Windes.

Von diesem Gott wirst du nicht hören: «Stell dich nicht so an!» Oder: «Reiss dich zusammen!» Denn die Stimme verschwebenden Schweigens, Gottes Stimme, sagt manchmal gar nichts. So wie Gottes Engel keine Waffenrüstung reicht, sondern bloss Wasser und Brot, ein Frühstück nach albtraumschwerer Nacht.

Darum glaube ich von Elia her dies: Gott ist da am dichtesten bei uns, wo unser zerbrochenes Herz zwischen Leben und Tod schwebt. Denn da – im Schwebezustand zwischen Leben und Tod – wird es empfindlich für eine ganz feine Berührung, abseits vom Lärm der Rechthaberei und abseits vom triumphierenden Gefühl, Gottes Willen zu vollstrecken. Die zarte, feine Berührung, die das zerbrochene Herz mit neuem Leben beschenkt, ist nur in der Wüste zu haben. Wer aus dieser Wüste zurückkehrt, wird Menschen anders sehen.

Diese Wüste hilft mir zu glauben.

Dass *der* Mensch am besten für Gott streitet, der erkannt hat: Ich bin nicht besser als meine Väter. Nicht besser als die, die vor mir waren. Auch ich kann Gottes Willen nicht auf die Erde herab zwingen. Auch ich kann die Herzen der Menschen nicht mit Gewalt zu Gott hin bewegen.

Und ich glaube, dass *die* Menschen am besten andere durch Wüsten begleiten, die selber schon dort gewesen sind. Darum vertraue ich einem Menschen, der einmal gründlich verloren hat, mehr als dem, welchem nur die Siegerpose vertraut ist.

Mehr als an die Kraft allen positiven Denkens glaube ich an die Kraft von Brot und Wein. Nur ein Mensch, der selbst einmal von Engelshand berührt wurde, kann anderen zum Engel werden.

Und nur der spiegelt Gottes Glanz wider, der die Tiefe des Abstiegs nicht scheut. Darum wird Jesus herabsteigen vom Berg der Verklärung, um den Weg des Kreuzes zu gehen. Vielleicht hat Elia, als er zu Jesus sprach, genau davon gesprochen in einer Stimme verschwebenden Schweigens.

Und der Friede Gottes, welcher höher ist als alle unsere Vernunft, bewahre unsere Herzen und Sinne in Christus Jesus.

Amen.

Diese Predigt wurde am 2. Februar 2014 gegen Ende der Epiphaniaszeit im Rah-
men eines Musikgottesdienstes im Basler Münster gehalten. Sie geht zurück auf
einen Gottesdienst in St. Arnual, Saarbrücken, den ich anlässlich der 80. Geburts-
tage von Gerhard und Gisela Zimmermann gehalten hatte. Gerhard Zimmermann
ist Pfarrer im Ruhestand, und seine inzwischen verstorbene Frau hatte ein Buch
herausgebracht mit dem Titel «Ein Engel dir zur Seite. Von den stillen Begleitern
auf unseren Wegen» (Freiburg im Breisgau, 2005²). Von ihnen nahm ich Elias Be-
gegnung mit dem Boten in der Wüste als Wunschtext entgegen. Ich las damals mit
grossem Gewinn «Hart und Herrlich – Nachdenken im Leiden» von Hans-Rudolf
Bachmann (Seewis 2002). Mit seelsorgerlichem Feingefühl skizziert Bachmann die
verschiedenen Stationen der Elia-Geschichte (S. 128–139): «Elia geht dorthin, wo
nur Gott und er allein übrigbleiben.» «Hier unter dem Ginsterstrauch ist Elia ge-
storben.» «Und diesmal muss der Engel auch nicht sagen: ‹Fürchte dich nicht!›».
Seine Gedanken sind mir ganz persönlich ins Herz gefallen, haben Eingang in
diese Predigt gefunden und begleiten mich seither im Glauben und im Amt.

---

1   Paul Schütz, Warum ich noch Christ bin, im 28. Brief (1946), Brendow,
Moers/Niederrhein, 1981, S. 144, zitiert bei Hans-Rudolf Bachmann, Hart
und Herrlich – Nachdenken im Leiden, Seewis 2002, S. 131.
2   Martin Buber/Franz Rosenzweig, Die Schrift, Deutsche Bibelgesell-
schaft 1992.

Sonderpreis

Manuela Liechti-Genge

Wasser des Lebens

Predigt zu Johannes 4,4–19

Er [Jesus] musste aber durch Samaria hindurchziehen. Nun kommt er in die Nähe einer Stadt in Samarien namens Sychar, nahe bei dem Grundstück, das Jakob seinem Sohn Josef gegeben hatte. Dort war der Brunnen Jakobs. Jesus war müde von der Reise, und so setzte er sich an den Brunnen; es war um die sechste Stunde. Eine Frau aus Samaria kommt, um Wasser zu schöpfen. Jesus sagt zu ihr: Gib mir zu trinken! Seine Jünger waren nämlich in die Stadt gegangen, um Essen zu kaufen. Die Samaritanerin nun sagt zu ihm: Wie kannst du, ein Jude, von mir, einer Samaritanerin, zu trinken verlangen? Juden verkehren nämlich nicht mit Samaritanern. Jesus antwortete ihr: Kenntest du die Gabe Gottes und wüsstest, wer es ist, der zu dir sagt: Gib mir zu trinken, so würdest du ihn bitten, und er gäbe dir lebendiges Wasser. Die Frau sagt zu ihm: Herr, du hast kein Schöpfgefäss, und der Brunnen ist tief. Woher also hast du das lebendige Wasser? Bist du etwa grösser als unser Vater Jakob, der uns den Brunnen gegeben hat? Er selbst hat aus ihm getrunken, er und seine Söhne und sein Vieh. Jesus entgegnete ihr: Jeder, der von diesem Wasser trinkt, wird wieder Durst haben. Wer aber von dem Wasser trinkt, das ich ihm geben werde, der wird in Ewigkeit nicht mehr Durst haben, nein, das Wasser, das ich ihm geben werde, wird in ihm zu einer Quelle werden, deren Wasser ins ewige

Leben sprudelt. Die Frau sagt zu ihm: Herr, gib mir dieses Wasser, damit ich nicht
mehr Durst habe und hierher kommen muss, um zu schöpfen. Er sagt zu ihr: Geh,
rufe deinen Mann und komm hierher! Die Frau entgegnete ihm: Ich habe keinen
Mann. Jesus spricht zu ihr: Zu Recht hast du gesagt: Einen Mann habe ich nicht.
Denn fünf Männer hast du gehabt, und der, den du jetzt hast, ist nicht dein Mann.
Damit hast du die Wahrheit gesagt. Die Frau sagt zu ihm: Herr, ich sehe, du bist
ein Prophet.

Ihre Hände greifen nach dem Krug. Ein Leben lang hat er sie
begleitet. Es ist ein einfacher Krug aus Ton. Sie dreht ihn in den
Händen, streicht zärtlich über die raue Oberfläche und betrachtet ihn still.

Schon oft hat sie daraus getrunken, durstig unter der heissen Sonne. Es ist ihr Krug. Und immer wieder ist er leer, der
Krug. Voll – und wieder leer; halbvoll – und wieder leer; ein
paar Tropfen noch – und wieder leer.

Ein Leben lang hat sie diesen Krug mit sich getragen. Von
Tag zu Tag hat der Durst sie getrieben und von Nacht zu Nacht.
Immer wieder hat sie den Krug hingehalten mit der Bitte: «Gib
mir zu trinken.» Und sie hat zu trinken bekommen: gutes Wasser, schlechtes Wasser; süsses Wasser, bitteres Wasser, klares
Wasser, trübes Wasser. Sie hat das alles getrunken. Sie hat
das alles geschluckt. Geschluckt, um zu leben; geschluckt, um
zu überleben. Geschluckt und getrunken, um diesen grossen
Durst in ihr zu löschen.

Sie hat den Krug hingehalten – schon als Kind – und zu
trinken bekommen, Wasser von ihren Eltern. Meist war es gut
und rein. Oft hat es den Durst gelöscht – für eine Weile. Dankbar denkt sie an ihre Eltern zurück. Doch Vater und Mutter sind
schon lange tot.

Dann ist sie aufgebrochen als junge Frau mit ihrem Krug.
Sie hat ihn hingehalten und gebeten: «Gib mir zu trinken.» Und
da war er, ihr erster Mann. Überschäumend hat er ihren Krug
gefüllt, und sie hat getrunken, geschlürft die Süsse der ersten
Liebe. Trunken war sie vom Trinken. Doch dann wurde das

Wasser bitter. Langsam und schleichend, bis es ungeniessbar war. Dann kam er wieder, der Durst.

So zog sie weiter zu einem zweiten Mann. Sie hielt ihm ihren Krug hin und bat: «Gib mir zu trinken.» Doch das Wasser, das er ihr einschenkte, war trüb. Ein übler Geruch stieg aus dem Krug, jedes Mal, wenn sie ihn an die Lippen hielt. Dieses Wasser machte sie krank. Doch es dauerte lange, bis sie sich eingestand: Dieses Wasser macht den Durst grösser – nicht kleiner.

Geschwächt noch von der Krankheit und durstig wie eh und je, traf sie auf ihren dritten Mann. Angst schwang mit in ihrer Stimme, als sie bat: «Gib mir zu trinken.» Er gab ihr zu trinken, reichlich und ohne zu zögern. Das Wasser war frisch und klar. Dankbar sog sie es in sich auf, Liter um Liter. Langsam wurde sie gesund. Nun war alles gut. Der Durst meldete sich nicht mehr – oder nur noch ganz leise.

Doch von einem Tag zum andern versiegte das Wasser. Nicht der kleinste Tropfen mehr. Der Tod leistet immer ganze Arbeit. So blieb der Krug leer, lange Zeit. Nur salzige Tränen füllten ihn.

Und wieder wuchs der Durst. Mächtiger und quälender denn je. So ging sie hin zum vierten Mann. «Gib mir zu trinken», bat sie. Der Mann befeuchtete ihre Lippen, das war alles. «Gib mir mehr», flehte sie ihn an. Zwei kärgliche, knapp bemessene Schlückchen gönnte er ihr. «Das muss reichen», sagte er. Immer trockener wurde ihre Kehle und ausgedörrter ihre Seele. Da beschloss sie, aus der Not eine Tugend zu machen und keinen Durst mehr zu haben. «Ich brauche kein Wasser», sagte sie. Eine Weile hielt sie durch. Doch dann musste sie erkennen, der Kopf kann nicht beschliessen, was die Seele nicht will.

So zog sie weiter zum fünften Mann, hielt ihm den Krug hin und bat: «Gib mir zu trinken, denn ich verdurste.» «Oh ja», sagte der Mann, «du sollst Wasser haben bis genug.» Und er goss ihren Krug voll. Und der Krug lief über, und der Mann goss weiter und weiter. Sie wurde nass, und das Wasser stieg, erst bis zu den Knien, dann bis zu den Hüften, dann bis zu der Brust. «Hör auf!», rief die Frau, «ich ertrinke!» Doch er hörte nicht auf sie. Das Wasser stand ihr bis zum Hals. Sie bekam keine Luft mehr. Mit der Kraft der Verzweiflung gelang es ihr im letzten Moment, sich zu retten.

Ein sechster Mann kreuzte ihren Weg. Doch dieses Mal hielt sie ihm den Krug nicht mehr hin. Sie traute keinem mehr. Auch hatte sie nicht das Recht dazu, denn dieser Mann war nicht ihr Mann. In ihrer Not hatte sie jedoch inzwischen gelernt, selber Wasser zu schöpfen. So ging sie hin zum Brunnen, wann immer sie durstig war. Allein ging sie hin – begleitet nur von ihrem Durst.

So ist es auch heute. Heiss scheint die Sonne, und der Durst ist gross. Sie nimmt den Krug und macht sich auf den Weg; auf den Weg zum Brunnen Jakobs, um Wasser zu schöpfen.

Und sie weiss nicht, wie ihr geschieht. Sie weiss nicht, woher auf einmal dieser Mut kommt. Dieser Mut, wieder zu vertrauen. Dieser Mut, noch einmal – ein letztes Mal – zu bitten: «Herr, gib mir dieses Wasser, damit ich nicht mehr Durst habe.» Sie trinkt und trinkt – und der Krug wird nicht leer. Mit jedem Schluck, den sie nimmt, sprudelt neues Wasser in den Krug. «Danke», sagt sie zum Fremden am Brunnen. Dann nimmt sie ihren Krug und geht. Leichten Schrittes geht sie dahin, und ihre Seele singt.

Da sieht sie einen Mann am Wegrand sitzen. Die Sonne brennt auf ihn nieder. Erschöpft wischt er sich den Schweiss von der Stirn. «Möchtest du trinken?», fragt sie ihn. Verwundert blickt der Mann hoch. Er schaut sie an und sieht den Krug. «Ja, bitte», sagt er. Und wieder hält sie einem Mann den Krug hin. Den vollen dieses Mal, nicht den leeren. Der Mann nimmt den Krug und trinkt. «Gott segne dich», sagt er. «Das tut er», sagt sie.

Zu Hause angekommen setzt sie sich hin, den Krug auf ihrem Schoss.

Ein Leben lang hat er sie begleitet. Es ist ein einfacher Krug aus Ton. Sie dreht ihn in den Händen, streicht zärtlich über die raue Oberfläche und betrachtet ihn still. Klares Wasser funkelt darin, frisch und geheimnisvoll – Wasser des Lebens.

Amen.

Radio DRS 2: Evangelische Radiopredigt 3. Juli 2011 «Lebendiges Wasser».

Stefan Weller

Verschieb' dein Leben nicht auf morgen!

Predigt zu Jeremia 29,1–14

Und dies sind die Worte des Briefs, den Jeremia, der Prophet, aus Jerusalem ge-
sandt hat an den Rest der Ältesten der Verbannten und an die Priester und an die
Propheten und an alles Volk, das Nebukadnezzar in die Verbannung geführt hatte
von Jerusalem nach Babel […]: So spricht der HERR der Heerscharen, der Gott
Israels, zu allen Verbannten, die ich in die Verbannung geführt habe, von Jerusalem
nach Babel: Baut Häuser und wohnt darin, pflanzt Gärten und esst ihre Frucht,
nehmt Frauen und zeugt Söhne und Töchter, und nehmt Frauen für eure Söhne
und gebt eure Töchter Männern, damit sie Söhne und Töchter gebären, damit ihr
dort zahlreicher werdet und nicht weniger. Und sucht das Wohl der Stadt, in die
ich euch in die Verbannung geführt habe, und betet für sie zum HERRN, denn in
ihrem Wohl wird euer Wohl liegen. So spricht der HERR der Heerscharen, der
Gott Israels: Eure Propheten, die in eurer Mitte sind, und eure Wahrsager sollen
euch nicht täuschen; und hört nicht auf die Träume, die ihr euch von ihnen träu-
men lasst. Denn verlogen weissagen sie euch in meinem Namen. Ich habe sie nicht
gesandt! Spruch des HERRN. Denn so spricht der HERR: Erst wenn siebzig Jahre

erfüllt sind für Babel, werde ich mich um euch kümmern. Dann werde ich mein gutes Wort an euch einlösen und euch zurückbringen an diese Stätte. Denn ich, ich kenne die Gedanken, die ich über euch denke, Spruch des HERRN, Gedanken des Friedens und nicht zum Unheil, um euch eine Zukunft zu geben und Hoffnung. Und ihr werdet mich rufen, und ihr werdet kommen, und ihr werdet zu mir beten, und ich werde euch erhören. Und ihr werdet mich suchen, und ihr werdet mich finden, wenn ihr nach mir fragt mit eurem ganzen Herzen. Dann werde ich mich für euch finden lassen, Spruch des HERRN, und ich werde euer Geschick wenden und euch sammeln aus allen Nationen und aus allen Orten, wohin ich euch versprengt habe, Spruch des HERRN, und ich werde euch zurückbringen an die Stätte, von der ich euch in die Verbannung geführt habe.

Liebe Gemeinde, kennen Sie das auch: Dass zuhause der Ausnahmezustand herrscht? Die Handwerker sind im Haus. Oder seit Tagen ist die liebe Verwandtschaft zur Übernachtung einquartiert. Oder ein grösseres Familienfest muss dringend noch vorbereitet werden. Ein Familienmitglied steht vor seiner Abschlussprüfung und lernt Tag und Nacht. Eine grosse Reise oder gar eine Züglete steht an – oder ist gerade vorbei. Oder es ist jemand krank in der Familie. Oder es jagt einfach ein Termin den nächsten. Ausnahmezustand, das heisst: Alles, was nicht ganz dringend erledigt werden muss, wird auf unbestimmte Zeit verschoben. Der Abwasch türmt sich höher und höher. Eigentlich müsste geputzt werden. Die To-do-Listen werden immer länger. Die Nerven liegen blank. Alle sehnen sich zurück nach dem normalen Alltag. Wenn's doch nur schon wieder vorbei wäre!

All diese kleinen Ausnahmezustände sind fast nichts im Vergleich zu dem grossen Ausnahmezustand, den die Bewohner von Jerusalem im Jahre 587 vor Christus erlebt haben. Eine fremde Armee, die Babylonier unter König Nebukadnezzar, hatte Jerusalem belagert, schliesslich eingenommen und zerstört. Die Eroberer nahmen nicht nur die Nahrungsmittel aus den Speichern und Schätze aus dem Tempel mit, sondern gleich auch noch grosse Teile der Stadtbevölkerung. Familien, ja ganze Sippen mussten über tausend Kilometer zu Fuss ins Zweistromland ziehen – zumeist Handwerker, Schmiede und Schlosser, deren Know-how die Babylonier abschöpfen wollten.

Und da sassen sie nun in Babylon, in der Fremde, auf ihren Koffern (wenn sie denn schon welche hatten) und warteten auf die Dinge, die da kommen sollten. Was würde aus ihnen werden unter diesen merkwürdigen kriegerischen Ungläubigen? Und wo war eigentlich Gott, der so etwas zuliess?

Einige unter ihnen versuchten den anderen Mut zu machen: «Das wird nicht lange dauern», sagten sie, «in ein paar Wochen, spätestens im übernächsten Frühjahr sind wir wieder zuhause». Einige behaupteten sogar, sie hätten schon von der Heimkehr geträumt – sicher ein von Gott gesandter Traum! Manche, die sich Propheten nannten, meinten sogar: «Jetzt könnt ihr zeigen, wie gross euer Glaube ist – indem ihr die Koffer gar nicht auspackt, sondern darauf vertraut, dass es bald wieder zurückgeht.»

Auch der Prophet Jeremia war in diesen Kriegswirren verschleppt worden, allerdings nicht Richtung Nordosten nach Babylonien, sondern in die entgegengesetzte Richtung, nach Ägypten. Zuvor aber, noch von Jerusalem aus, schreibt er jenen Brief an die nach Babylon Deportierten. Wir haben seinen Wortlaut in der Lesung gehört. Sein Inhalt kann so zusammengefasst werden: Macht euch keine falschen Hoffnungen auf eine baldige Rückkehr. Das sind falsche Propheten, die so etwas in Aussicht stellen. Die Zeit des Lebens in der Fremde wird mindestens 70 Jahre dauern. Das heisst: Die wenigsten von euch werden die Heimat je wiedersehen – allenfalls die kleinen Kinder, die sich dann nicht mehr erinnern werden. Deshalb: Verschiebt euer Leben nicht auf ein illusionäres Morgen. Das Leben in der Fremde ist kein Provisorium, es wird von nun an der Normalzustand sein, mit dem ihr euch arrangieren müsst. Bleibt nicht auf den Koffern sitzen, packt sie aus und lebt euer Leben im Exil. Wörtlich: «Baut Häuser und wohnt darin, pflanzt Gärten und esst ihre Frucht, nehmt Frauen und zeugt Söhne und Töchter, und nehmt Frauen für eure Söhne und gebt eure Töchter Männern, damit sie Söhne und Töchter gebären, damit ihr dort zahlreicher werdet und nicht weniger. Und sucht das Wohl der Stadt, in die ich euch in die Verbannung geführt habe, und betet für sie zum HERRN, denn in ihrem Wohl wird euer Wohl liegen.» (Jer 29,5–7)

Es traf dann so ein. Das babylonische Weltreich unter König Nebukadnezzar existierte noch einige Jahrzehnte in grossem Glanz. Nach ungefähr einer Generation, unter seinem Nachfolger bröckelte es schon und brach bald zusammen. Die Perser mit ihrem König Kyros beerbten es. Und sie erlaubten den Deportierten, nach Israel heimzukehren. Ein Teil von ihnen tat das auch. Ein anderer Teil blieb in der Fremde. Und seit jener Zeit, über zweieinhalb Jahrtausende hinweg bis heute, lebt der grössere Teil des Volkes Israel nicht im Land Israel, sondern verstreut in alle Welt. Die allermeisten Juden haben bis auf diesen Tag das Leben im Exil als ihr normales Leben akzeptiert. Sie tun immer noch, was Jeremia ihnen empfahl.

Der Brief des Jeremia hat also ein Stück Weltgeschichte geschrieben. Dazu ist er ein Teil der Heiligen Schriften von Juden und auch von uns Christen geworden. Er hat Bedeutung über jene Situation hinaus bekommen – nicht nur für jenen Ausnahmezustand damals, sondern noch für manche anderen Ausnahmezustände, in die wir Menschen bis heute geraten. Was bedeutet seine Botschaft für uns?

Ich nähere mich dieser Frage zunächst von der anderen Seite. Bereits vor über sechzig Jahren beschrieb der Wiener Psychotherapeut Viktor E. Frankl in unserer mitteleuropäischen Gesellschaft eine Störung, die er als «provisorische Daseinshaltung»[1] bezeichnete. Ihr Kennzeichen ist eine Einstellung, bei der immer auf die sogenannten «besseren Zeiten» gewartet wird. Man lebt nicht zielbewusst und nicht entsprechend den eigenen Wertvorstellungen, sondern verschiebt die Dinge des Lebens auf einen vermeintlich günstigeren Zeitpunkt in der Zukunft. Die Gegenwart ist so etwas wie der permanente Ausnahmezustand – wenn der vorbei ist, dann soll das eigentliche Leben beginnen.

Wir können diese Daseinshaltung heute vielfach finden: Ein Ehepaar baut ein Haus, ist Tag und Nacht beschäftigt; wenn das Haus erst einmal fertig ist, dann soll das harmonische Eheleben beginnen. Oder: Jemand ist beruflich permanent gefordert, hat für fast nichts anderes Zeit – aber wenn die Pensionierung kommt, dann will er sich die erträumten Vorhaben erfüllen. Oder: Ein Kind erlebt seine Eltern nur als Antreiber für gute Leistungen in der Schule; zum Spielen und mit Freunden abmachen ist keine Zeit, weil aus ihm ja etwas werden soll. Immer wird das eigentliche Leben verschoben. – Aber was ist die Realität? Wenn das Haus fertig ist, hat sich das Ehepaar nichts mehr zu sagen und trennt sich. Nach der Pensionierung kommen nicht die erträumten Vorhaben, sondern Alterserscheinungen und Einsamkeit. Und nach dem Schulabschluss stellen die Eltern fest, dass sie ihrem Kind ein Stück Kindheit schuldig geblieben sind. Das Leben lässt sich nämlich nicht auf später verschieben. Es geschieht heute – oder es verkümmert.

Der Jenaer Soziologe Hartmut Rosa schreibt: «Fragen Sie sich selber, fragen Sie Ihre Bekannten, Verwandten, Kinder, wer immer es sein mag, wie es denen geht. Ich bin ganz sicher, neun von zehn Antworten lauten: ‹Ja, eigentlich ist alles optimal, es geht mir gut, aber es ist nur gerade alles so hektisch, im Moment habe ich so wenig Zeit. Ich bin augenblicklich so unter Druck.› Das sagt so gut wie jeder zu jeder Zeit, wobei ich dann immer empfehle, das ‹im Moment› zu streichen. ‹Im Moment ist alles so hektisch› – genau auf diese Illusion hin betreiben wir unser Leben. Wir denken offenbar immer, dass es schon irgendwann einmal besser wird. Dies ist aber nicht der Fall.»[2]

Die provisorische Daseinshaltung, das Leben im permanenten Ausnahmezustand, hat der Schriftsteller Ödön von Horváth in einem legendären Ausspruch zusammengefasst: «Eigentlich bin ich ganz anders, nur komme ich so selten dazu.»[3]

Liebe Gemeinde, wenn Ihnen all dies auch persönlich bekannt vorkommt, dann ist auch der Brief des Jeremia von vor über zweieinhalbtausend Jahren persönlich an Sie gerichtet. Jener Brief, der sagt: Wartet nicht auf bessere Zeiten, sondern stellt euch darauf ein, dass es von nun an bis zu eurem Lebensende nicht von aussen her besser wird. Deshalb tut *heute* das, was recht und gut ist; das, was ihr immer schon tun wolltet. Verwirklicht *heute* eure Werte, der Zeitpunkt wird nicht günstiger – nur die Zeit wird kürzer.

Gerhard Schöne singt in einem Lied:

> «Spar deinen Mut nicht auf für später,
> wenn du mal ‹was ganz Grosses› bist.
> Dein kleiner Mut hilft allen weiter,
> weil täglich Mut vonnöten ist.»[4]

Ich möchte ergänzen: Dein Mut, dein Menschsein, deine Eigenart, deine Einmaligkeit – all das wird nicht erst eines Tages, erst recht nicht erst im Reich Gottes gebraucht, sondern heute, jetzt und hier. Erlösung und Befreiung von den Lasten des Lebens und der eigenen Schuld wird nicht für die Zukunft oder das Jenseits versprochen, sondern es kann und soll kraft des Geistes Gottes heute geschehen. John Wesley hat das im 18. Jahrhundert einmal eindrücklich in einer Predigt formuliert:

> «Bedenkt, hätten wir auch noch so viel Glauben, und wäre unser Glaube so stark wie möglich; er würde uns doch niemals von der Hölle retten, es sei denn, er rettet uns jetzt von unseren unheiligen Launen, von Ungeduld, Arroganz, Hochmut und Anmassung, von Zorn, Ärger und Bitterkeit, von Unzufriedenheit, Murren, Gereiztheit und Verdriesslichkeit.»[5]

Liebe Gemeinde, die Gelegenheit wird nicht besser. Ich lade dazu ein, dass wir heute beginnen, unser Leben so zu leben, wie wir es eigentlich immer tun wollten; so zu sein, wie wir eigentlich immer sein wollten. Und wer eigentlich sein Leben an Jesus Christus ausrichten wollte … – Verschieb' dein

Leben nicht auf später. Vertrau' es heute Jesus an, und du wirst eine grosse innere Freiheit finden.

«Jetzt ist sie da, die ersehnte Zeit, jetzt ist er da, der Tag der Rettung.» (2Kor 6,2b)

Amen.

Die Predigt wurde am 13. Oktober 2013 in der Rosenbergkapelle Wädenswil gehalten.

---

1   Viktor E. Frankl, Der leidende Mensch. Anthropologische Grundlagen der Psychotherapie, Bern 1984[2], S. 194.

2   Hartmut Rosa, in: Dimensionen der Zeit. Die Entschleunigung unseres Lebens (Hg. E. P. Fischer, K. Wiegand), Frankfurt 2012, S. 39.

3   Ödön von Horváth, Gesammelte Werke, Bd. 3, Suhrkamp 1978[2], S. 67.

4   Gerhard Schöne, Lebenszeichen. Liederbuch, Ost-West-Musik, Berlin 1993[3], Nr. 42.

5   «But consider, meantime, that let us have ever so much faith, and be our faith ever so strong, it will never save us from hell, unless it now saves us from all unholy tempers, from pride, passion, impatience; from all arrogance of spirit, all haughtiness and overbearing; from wrath, anger, bitterness; from discontent, murmuring, fretfulness, peevishness.» J. Wesley: On Charity; http://new.gbgm-umc.org, Februar 2014.

Martin Dürr

Ihr seid ein Brief Christi

Predigt zu 2. Korinther 3,2–9

Unser Brief seid ihr, geschrieben in unsere Herzen, verständlich und lesbar für alle Menschen. Ihr seid erkennbar als ein Brief Christi, von uns verfasst[1], geschrieben nicht mit Tinte, sondern mit dem Geist des lebendigen Gottes, nicht auf Tafeln aus Stein, sondern auf andere Tafeln: in Herzen aus Fleisch. Solches Vertrauen haben wir durch Christus zu Gott: Nicht dass wir von uns aus fähig wären, etwas gleichsam aus uns selbst heraus zu ersinnen, nein, unsere Befähigung kommt von Gott. Er hat uns befähigt, Diener des neuen Bundes zu sein, nicht des Buchstabens sondern des Geistes. Denn der Buchstabe tötet, der Geist aber macht lebendig. Wenn nun schon der Dienst am Tod mit seinen in Stein gemeisselten Buchstaben einen solchen Glanz ausstrahlte, dass die Israeliten Mose nicht ins Antlitz zu sehen vermochten, weil auf seinem Gesicht ein Glanz lag, der doch vergänglich war, wie sollte da der Dienst am Geist nicht erst recht seinen Glanz haben? Denn wenn schon der Dienst, der zur Verurteilung führt, seinen Glanz hat, dann strahlt der Dienst, der zur Gerechtigkeit führt, erst recht vor Herrlichkeit.

Buchstaben aneinandergereiht ergeben ganz verschiedene Texte. Das wunderschöne Büchlein «Oskar und die Dame in Rosa» und die Geschichte der Besiedlung des Laufentals sind mit denselben 26 Buchstaben und ein paar Umlauten geschrieben worden wie Gesetze für Hundehalter und SMS, Bedienungsanleitungen zu Mikrowellenherden und Matchberichte. Telefonbücher und Shakespeares Sonette, Werbesprüche und Kündigungsschreiben wären undenkbar ohne immer neue Kombinationen von immer denselben Schriftzeichen.

Ich kann mir ein Leben ohne Schrift und Schriften kaum vorstellen – genau so wenig wie ein Leben ohne Worte, ohne Kommunikation. Ich bin ein Verbalkoholiker, abhängig vom gesprochenen und manchmal mehr noch vom geschriebenen Wort. Nichts davon spricht mehr zu mir als Briefe, in den letzten Jahren auch immer mehr E-Mails, die ich erhalte. Wenn jemand sich die Zeit nimmt, mir einen Brief zu schreiben, empfinde ich das als einen Akt der besonderen Zuwendung. Es gibt auch wenig, was ich selber so gerne mache, wie einen Brief oder eine E-Mail zu schreiben.

Dass meine treuesten Brieffreunde oft sehr lange auf eine Antwort von mir warten müssen, hat seine Gründe. Zum Beispiel in den zahllosen Formbriefen, die ich erhalte und von denen trotz radikalen Säuberungsversuchen immer noch etliche übrigbleiben, die eine Reaktion von mir erwarten. Und von den Zahlen in Abrechnungen und dergleichen will ich schon gar nicht reden. Mit den Zahlen stehe ich im Gegensatz zu den Buchstaben seit langem auf Kriegsfuss und ich schreibe manchmal Hilferufe an Menschen, die Zahlen lesen können.

Ein persönlicher Brief hat mich schon an vielen Tagen gerettet. Diese Art Zuwendung ist die vielleicht intensivste und exklusivste, die ich kenne und erlebe. Ich glaube vor allem Freundlichkeiten erst, wenn ich sie schwarz auf weiss sehe.

In meinem Büro hängt ein Brief, auf den mein Blick manchmal an den Tagen fällt, an denen niemand Grund hat, mir etwas Nettes zu sagen und ich selbst schon gar nicht. Der Brief ist natürlich von einer jungen Frau und besteht aus einem einzigen Satz: «Ich habe dich lieb.» Wenn mein Büro abbrennen würde und ich nur eine einzige Sache retten könnte, dann wäre es dieser Brief. Bevor Sie sich Gedanken machen – den Brief hat meine älteste Tochter geschrieben, als sie gerade das Schreiben gelernt hatte.

«Ihr seid erkennbar als ein Brief Christi.» Ihr seid, wir sind ein Brief Christi. Und ich wette um jeden Preis, wir sind ein Liebesbrief. Vielleicht sind wir Briefe, die schlecht leserlich sind oder syntaktisch nicht korrekt, vielleicht ist das Briefpapier alt und zerknittert, aber wir sind Liebesbriefe, «geschrieben nicht mit Tinte, sondern mit dem Geist des lebendigen Gottes, nicht auf Tafeln aus Stein, sondern auf andere Tafeln: in Herzen aus Fleisch» (2Kor 3,3).

Es kann sein, dass der Inhalt einer Botschaft nicht eindeutig ist, das Wichtigste steht sowieso meistens zwischen den Zeilen. Es kann sein, dass Sie unsicher sind, ob jemand Sie richtig versteht, die Besonderheit Ihres Briefes erkennt und schätzen kann, aber Sie sind unverkennbar ein Liebesbrief. Das liegt nicht an Ihnen und nicht an mir. Gott hat uns dazu gemacht. Und «wir haben durch Christus so grosses Vertrauen zu Gott». Und auch das «können wir uns nicht selbst zuschreiben, unsere Befähigung stammt vielmehr von Gott». (2Kor 3,4–5)

Wären wir nur auf uns selbst angewiesen, dann wäre die Wahrscheinlichkeit gross, dass wir keine Liebesbriefe wären, sondern unbezahlte Rechnungen, Vorladungen vor Gericht, Kündigungs- und Beschwerdebriefe. Und manchmal sind wir das auch. «Denn der Buchstabe tötet, der Geist aber macht lebendig» (2Kor 3,6).

Darum werden wir oft falsch gelesen und lesen andere falsch. Es ist schwierig, sehr schwierig, einen Brief richtig zu lesen, es ist fast unmöglich, einen Menschen richtig zu «lesen». Darum klammere ich mich in der Regel an den paar Buchstaben fest, die ich schon kenne und rate dann drauflos, was es bedeuten könnte. Wie meine Kinder, als sie am Anfang der Primarschule erst sieben oder acht Buchstaben kannten.

Ich habe auch Schülerinnen und Schüler, die mehr raten als lesen, was da steht. Manche raten sehr geschickt. Ich habe gehört, dass erwachsene Menschen, die grosse Schwierigkeiten haben zu lesen, sehr gut auswendig lernen, um sich die Schmach zu ersparen, beim Nicht-richtig-lesen-Können ertappt zu werden.

Unbekannte Menschen können für uns wie unentzifferbare Hieroglyphen sein, und bekannte und vertraute haben wir auswendig gelernt. Und merken gar nicht mehr, wenn da etwas anderes steht.

Hinter all den wertvollen Nachrichten und den Werbemustern ohne Wert, hinter all dem Traurigen und dem Urkomischen, noch zwischen allem Ärgerlichen und Verletzenden, das ich in anderen lese – wenn ich *richtig* hinsehe, erkenne ich eine einzige Liebeserklärung Gottes.

Dabei will ich nicht verleugnen, dass Buchstaben auch schmerzen, foltern und vernichten können. Die schlimmsten Quälgeister sind nicht selten die religiösen, manchmal die frömmsten, manchmal auch nur die moralisch korrektesten.

«Der Buchstabe tötet.» Selbst den Liebesbrief Gottes in uns können wir verdrehen und dadurch zu einem Todesurteil für andere werden. Erschrecken Sie nicht, wenn Ihnen das begegnet.

Wenn es nicht den Geist Gottes gäbe, der lebendig macht, dann wäre dies das Ende der Geschichte. Nichts würde uns daran hindern, uns selbst und einander zu zerfleischen, am Buchstaben zu ersticken. Deshalb hat Gott seinen Sohn in diese Welt gesandt. Damit wir aufhören können, dieser grässlichen Bestimmung zu dienen, damit wir verzeihen und lieben können, damit wir dem Bösen und der Ungerechtigkeit widerstehen können.

«Wenn nun schon der Dienst am Tod mit seinen in Stein gemeisselten Buchstaben einen solchen Glanz ausstrahlte, dass die Israeliten Mose nicht ins Antlitz zu sehen vermochten, weil auf seinem Gesicht ein Glanz lag, der doch vergänglich war, wie sollte da der Dienst am Geist nicht erst recht seinen Glanz haben?» (2Kor 3,7–8)

Wenn in uns der Geist Gottes lebt, dann werden wir unerträglich schön werden.

Denken Sie nicht, dass das schwärmerisch ist. Ich habe Momente erlebt, in denen ich etwas davon gesehen habe. Es gibt Menschen, die eine Herrlichkeit und eine Liebe ausstrahlen, die nicht von ihnen selbst kommt. Sie haben dem Geist Gottes Raum gelassen, sie sind erfüllt von einer Gegenwart jenseits unseres Verstandes. Sie *sind* einfach. Meiner Erfahrung nach sind das meistens nicht die, die viel von Gott erzählen oder diese Ausstrahlung für sich in Anspruch nehmen.

Manchmal ist es für unser Überleben wichtig, zu wissen, ob andere in uns eine Spur von Gottes Liebesbrief erkennen können. Fragen Sie doch einmal nach, wenn Sie unsicher sind. Fragen Sie die Menschen in Ihrer Nähe. Und fragen Sie nicht nur nach, sagen Sie es den anderen, schreiben Sie einen Brief an Menschen, die für Sie zu Gottes Liebesbrief geworden sind.

Wenn Sie das machen, machen Sie dem anderen nicht nur eine Freude, Sie werden selbst ein Stück weit mehr zu einem Brief Christi.

In unserem kurzen Leben sagen wir einander die wichtigsten Dinge viel zu selten. Und dann beklagen wir uns – Sie vielleicht nicht, aber ich –, dass niemand etwas zu uns sagt. Also schreiben Sie heute oder morgen einen Brief, ein E-Mail, ein SMS. An den Menschen, der Ihnen zuerst eingefallen ist. Oder, wenn Sie es dem ersten schon immer sagen, an den zweiten, der Ihnen einfällt. Ich jedenfalls weiss, dass ich eine Menge unerledigter Korrespondenz habe und bin.

Das sind die Dinge, die bleiben werden. Weil sie die Herrlichkeit Gottes spiegeln. Weil *Sie* die Herrlichkeit Gottes spiegeln. Doch, das tun Sie!

Diese Aneinanderreihung von Buchstaben war mit anderen Worten ein Liebesbrief an Sie. Ich hoffe, dass Gott seine Unterschrift darunter setzt.

Amen.

Die Predigt wurde am 28. September 2003 in der Johannesgemeinde in Basel gehalten.

1   Andere Übersetzungsmöglichkeit: «[…] als ein Brief Christi, entstanden durch unseren Dienst […]».

Pascale Rondez

Aufwachen

Predigt zu Epheser 5,8–14

Denn einst wart ihr in Finsternis, jetzt aber seid ihr Licht im Herrn. Lebt als Kinder des Lichts – das Licht bringt nichts als Güte, Gerechtigkeit und Wahrheit hervor –, indem ihr prüft, was dem Herrn gefällt, und beteiligt euch nicht an den fruchtlosen Werken der Finsternis, sondern deckt sie auf! Denn was durch sie im Verborgenen geschieht, auch nur anzusprechen, ist schon eine Schande; alles aber, was aufgedeckt wird, wird vom Licht durchleuchtet, ja, alles, was durchleuchtet wird, ist Licht. Darum heisst es: Wach auf, der du schläfst, und steh auf von den Toten, so wird Christus dein Licht sein.

Liebe Gemeinde

Aufzuwachen ist ein merkwürdiges Geschehen. Es geschieht täglich mit uns. Wir tun es seit dem Tag, an dem wir unsere Augen zum ersten Mal aufgeschlagen haben in dieser Welt. Und seither sind wir mit dem Wechsel von Einschlafen und Aufwachen beschäftigt und natürlich mit all dem, was wir sonst tun in unserem Leben.

Das Aufwachen erfahren wir als morgendlichen Zwischenzustand. So, als ob wir nicht mehr im Schlaf und noch nicht bei vollem, klarem Bewusstsein sind. Und wir wissen aus eigener und langjähriger Erfahrung: Aufzuwachen hat eine eigene Qualität. Hier geschieht eine besondere und oftmals sehr präzise Art und Weise, wahrzunehmen. Unerwartetes und Unbewusstes tauchen auf – Eindrücke und Erinnerungen, Traumfragmente auch, die für Situationen und Menschen stehen, die uns ganz wichtig, aber nicht zuvorderst auf der Tagesordnung des Bewusstseins sind. So gibt es Einfälle, die sich mit Vorliebe in dieser morgendlichen Übergangszone einstellen. – Plötzlich wissen wir, was wir mit Sicherheit nicht tun werden. Oder es steht uns auf einmal glasklar vor Augen, wie wir etwas angehen möchten im Zwischenmenschlichen, im Beruf. Zuweilen realisieren wir beim Aufwachen auch, dass etwas nicht abgeschlossen ist, obwohl wir es uns so gedacht hatten. Und es kann frühmorgens geschehen, dass sich uns etwas neu Gelerntes plötzlich in seinem Zusammenhang erschliesst. So ist Aufwachen in unserer Erfahrung beides – schwebendes Zwischen und der Ort, an dem wir eine klare Sicht auf eine Sache oder Situation gewinnen. Nicht umsonst raten wir einander bei folgenreichen Entscheidungen im Leben, zuerst einmal «eine Nacht darüber zu schlafen».

«Wach auf, der du schläfst, und steh auf von den Toten, so wird Christus dein Licht sein.» (Eph 5,14c)

Im Predigttext von heute Morgen geht es um Aufwachen in einem ganz bestimmten Sinn. Es geht um ein Aufwachen ins Leben. Die Verse, die wir gehört haben, kommen nicht aus dem Schlaf und dem Erwachen, so wie wir das tagtäglich erleben. Sie haben vielmehr den Tod hinter sich gelassen. Sie sprechen vom Aufstehen aus dem Tod ins Leben. Und doch sprechen sie uns so an, als ob wir schlafen würden. Sie sprechen, als ob wir zu Lebzeiten in Gefahr stünden, bei den Toten zu sein statt mit den Lebenden aufzustehen – und so selbst mehr tot als lebendig zu sein.

So finden wir uns vor einem geheimnisvollen und kontrastreichen Bibelwort wieder. Fast muss man sich die Augen reiben und nochmals hinschauen ob so starkem Kontrast, so viel Licht und Schatten und ob all dem Verborgenem, das da ans Licht kommen soll. Da kann es schon geschehen, dass wir aus dem Text heraus fallen. Etwa dort, wo wir diese Bibelstelle nur noch als Ausdruck von Selbstgerechtigkeit hören können: Als Moralpredigt eines Menschen etwa, der die andern richtet und den «Balken» unbeschwert von Selbstzweifeln stets im Auge des Bruders, der Schwester, findet.[1] Kein Wunder, wurde und wird unser Predigttext von religiösen Strömungen mit Tendenz zur Schwarz-Weiss-Malerei innerhalb und ausserhalb der Kirchen gerne zitiert. Man kann es sich vorstellen, wohin es führt, wenn sich Menschen im Namen dieser Verse selbst ins helle Licht rücken, und was dann mit den andern geschieht.

Doch der Predigttext ist kein Ausdruck von Selbstüberhebung, auch wenn er so gelesen werden kann. Es geht ihm nicht um den unbarmherzigen Blick auf den Mitmenschen oder die gnadenlose Abrechnung, wie wir sie heute aus vielen Zusammenhängen kennen, in denen Menschen heillos aneinander geraten. Der Predigttext ist vielmehr getragen von einer tiefen Hoffnung und Lebensfreundlichkeit. Er spricht uns als der Finsternis Entrissene an. Und er erinnert daran, was uns in der Taufe zugesprochen worden ist. Er tut dies in einer Sprache, die um das Geheimnisvolle weiss und um die Abgründe menschlichen Lebens. Nüchtern wendet er den Blick unserem Dasein und der Tragweite unseres Tuns in dieser Welt zu.

Es soll uns kümmern, wo Sinnlosigkeit und Zerstörung verbreitet werden unter den Menschen und in der Welt. Und so werden wir dazu ermutigt, eigenes wie fremdes Dasein und Tun, wo es Tod und Gleichgültigkeit verhaftet ist, ohne Furcht anzuschauen und zu benennen. Nicht, weil wir selbst fehlerlos und ohne Makel sind, sondern weil wir dies schlicht können und auch sollen. Als ob wir uns vor uns selbst und vor Gott – entgegen so Vielem, was wir gehört und gedacht haben – nicht zu schämen brauchen.

«Denn einst wart ihr Finsternis, jetzt aber seid ihr Licht im Herrn.» (Eph 5,8a)

Und dann werden wir darauf angesprochen, selbst auch so unterwegs zu sein: «Lebt als Kinder des Lichts!» (Eph 5,8c) Wir sollen als der Finsternis Entrissene mit offenen Augen in die Welt gehen. Wach und aufmerksam sollen wir sein und die Welt im Rahmen unserer Kräfte und des Menschenmöglichen mitgestalten – Gottesdienst mitten in der Welt und in der Gesellschaft. Dabei geht es nicht um menschliche Selbstüberschätzung. Es geht ganz nüchtern um die Haltung, hartnäckig zu prüfen, was dem Leben angemessen ist – was denn gut, gerecht und wahr ist: Wir tun dies in grundsätzlichen Überlegungen, in denen wir unsere modernen Lebenswelten mit all ihren Möglichkeiten, Grenzen und Gefahren bedenken. Und wir tun dies bezogen auf die konkreten Situationen, mit denen wir – im Spital, im täglichen Zusammenleben, in Begegnungen – konfrontiert sind. Diese Auseinandersetzung ist uns zugemutet und zugetraut, so jedenfalls unser Predigttext.

Aber was bedeutet es dann für unsere Welt und uns, dass der Ausdruck «Gutmensch», also «guter Mensch», zum Schimpfwort unserer Zeit geworden ist? Sollen wir nicht Gutes tun in unserem Leben, sollen wir nicht dafür einstehen, dass Unrecht benannt wird oder das Leid im Leben eines Menschen gemildert wird? Und als der Finsternis Entrissene wissen wir: Unser Tun ist vom ersten bis zum letzten Augenblick unseres Lebens Stückwerk. Aber wir sollen es um des Himmels und der Erde willen tun. Wir sollen unsers Bruders, unserer Schwester und unseres Zusammenlebens Hüter sein. Was für eine ermutigende Tonlage, wenn wir hören:

«[…] Prüft, was dem Herrn gefällt, und beteiligt euch nicht an den fruchtlosen Werken der Finsternis, sondern deckt sie auf!» (Eph 5,10–11)

Paul Gerhardt, dessen tänzerisch klingendes Lied[2] wir heute Morgen zusammen singen,[3] hielt inmitten von Krieg, Krankheit und Verwüstung im Europa des Dreissigjährigen Krieges daran fest, wieder und wieder aufzuwachen ins Leben. Er, der von seinem elften bis zu seinem einundvierzigsten Lebensjahr in einem Krieg leben musste, in dem die Zivilbevölkerung Zielscheibe und Waffe war, schrieb Lied um Lied der Gleichgültigkeit und dem Tod entgegen – darunter das Lied *Wach auf, mein Herz, und singe* mit dem Vers: «Ich kann das Licht noch sehen.»[4] Gott sei Dank sieht unsere Wirklichkeit anders aus. Aber sie gibt uns, sobald wir den Blick weiten, Grund, nachdenklich zu sein und unser eigens Dasein und Tun nüchtern anzuschauen und zu prüfen.

Was wäre, wenn wir eines Tages den Schmerz darüber, nicht so zu sein, wie wir es uns ausgemalt und erträumt haben, sehen und vielleicht sogar aussprechen können? Sollten wir uns in den Augen des Christus nicht zu schämen brauchen für uns und unser mehr oder weniger erfolgreiches Dasein, unser mehr oder weniger hilfreiches Tun? Und was geschieht, wenn der andere mir anvertraut, was ihn beunruhigt in seinem Leben, an unserer Zeit? Und was, wenn der andere anspricht, was ich nicht hören möchte? Sollte Gottes befreiende Tat so weit reichen in meinem Leben und im Zusammenleben der Menschen? Und was hat dann – so besehen und durchleuchtet, durchlichtet – Bestand?

«Alles aber, was aufgedeckt wird, wird durchleuchtet, ja, alles, was durchleuchtet wird, ist Licht.» (Eph 5,13–14)

Da spricht einer, als ob wir der Finsternis schon entrissen wären. Als ob nichts so dunkel wäre in uns und auf dieser Welt, dass wir darin der Finsternis überlassen sind.[5]

Als Hoffende, als der Finsternis Entrissene, sind wir dazu gerufen, wieder und wieder aufzuwachen ins Leben und aufzustehen aus Tod und Gleichgültigkeit. Um Gott die Ehre zu geben. Um für das einzustehen, was er ins Leben gerufen und uns anvertraut hat: Das Leben in seiner berauschenden Schönheit und seiner ganzen Verletzlichkeit.

Wo das geschieht, haben wir den Tod hinter uns gelassen, dort sind wir Licht.

«Wach auf, der du schläfst, und steh auf von den Toten, so wird Christus dein Licht sein.»[6]

Amen.

Die Predigt wurde im Rahmen der Tätigkeit in der Hochschularbeit am 13. Oktober 2013 im Grossmünster in Zürich gehalten. Sie war Teil einer Predigtreihe zum Epheserbrief und veranlasste mich dazu, über einen Text zu predigen, den ich selbst nicht ausgewählt hätte.

---

1   Vgl. Mt 7,1–5.

2   Nur der Liedtext geht freilich auf Paul Gerhardt zurück.

3   RG 568 *Wach auf, mein Herz, und singe.* Die Strophen 1–3 wurden eingangs (nach dem Eingangswort) und die Strophen 7–9 ausgangs des Gottesdienstes vor dem Segen gesungen.

4   RG 568,4 wurde nur zitiert, im Gottesdienst jedoch nicht gesungen.

5   Alttestamentliche Lesung im Gottesdienst: Ps 139,1–12.

6   Der letzte Vers im Predigttext (Eph 5,14) entstammt vermutlich einem Tauf-Hymnus der Gemeinde.

Verena Salvisberg

Es muss doch mehr als alles geben

Predigt zu Matthäus 6,33
und zum Märchen vom Fischer und seiner Frau

Suchet vielmehr zuerst sein Reich und seine Gerechtigkeit! Dann werden euch alle diese Dinge zugefügt werden.

Liebi Gemeind

Es muss doch mehr als alles geben. Das der Titel vomene Buech vo der bekannte Theologin Dorothee Sölle.[1] *Es muss doch mehr als alles geben.*

Jitz i der Faschteziit, wo mer über d Fülli und übere Mangel, über Gier und Unersättlechkeit, über zweni und zviel und über gnue nachedänke? Meh als alles? Da derzue chunnt mer ds Märli vom Fischer u siinere Frou i Sinn:[2] Es isch emal e Fischer u siini Frou gsii, di hei zäme imene alte Pott ganz noch am Meer gwohnt. Der Fischer isch all Tag use a ds Meer ga fische.

Einisch het er e grosse Butt gfange, u dä faht plötzlech mit ihm afa rede: «Los, Fischer, i bi nid, was du dänksch. I bin e verwunschene Prinz. La mi wider i ds Wasser.» «Jaja», seit der guetmüetig Fischer, «muesch nid sovil schwätze, «e Butt, wo cha rede lan i sicher wieder frei.» Un er het ne wider i ds Wasser gsetzt. Der Fischer isch ufgstande u isch zu siinere Frou gange. «Hesch hüt nüt gfange, Ma?», fragt die. «Nei,» seit der Ma, «numen e Butt. Won er gseit het, er sig e verwunschene Prinz, han i ne wider la schwümme.» «Was, du hesch der nüt gwünscht?», seit d'Frou. «Nei», seit der Ma, «was sött i mir de wünsche?» «Ach», seit d'Frou, «es isch doch es Eländ, immer i däm alte Pott z'wohne. Er stinkt eso gruusig, hättisch der doch chönne e chliini Hütte wünsche. Gang nume no grad mal use, rüeff em Butt u säg ihm, mir wölle e chliini Hütte.» «Ach», seit der Ma, «söll i jitz no mal dert use?» Es isch ihm nid rächt gsii, aber er het o nid wölle stürme mit der Frou u so isch er no mal use a ds Ufer vom Meer. Ds Wasser isch ganz gälb u grüen gsii u überhoupt nümm klar.

«Manntje, Manntje, Timpe Te,
Buttje, Buttje, in der See,
myne Fru, de Ilsebill,
will nich so, as ik wol will.»[3]

Da isch der Butt cho z schwümme u het gseit: «Was wott si de?» «Ach», seit der Fischer, «i ha di doch gfange, u jitz seit miini Frou, i hätti mer öppis sölle wünsche. Si ma nümm i däm alte Pott wohne, si wett e Hütte.» «Gang nume», seit der Fisch, «si het se scho.» Wi dir sicher wüsst, isch d'Frou nid lang zfride gsii mit dere Hütte. Scho glii druuf isch si am Ma i den Ohre gläge, er söll wider zum Butt u sich es Schloss wünsche. O das überchunnt si, aber nach der erschte Nacht im Palascht wott si Chünig wärde. Jedesmal, we der Fischer a ds Ufer chunnt, isch ds Meer unheimlecher. Es het all Farbe u brodlet immer meh. Aber o der nächscht Wunsch, Chaiser z wärde wird ere vom

Fisch erfüllt, u als nächschts wird si Papscht. Nume, wo si sich zu gueter Letscht wünscht, si wöll wärde wi der lieb Gott, seit der Butt zum Fischer: «Gang nume hei, si hocket scho wider i ihrem alte Pott.»

Als Chind han i die Gschicht moralisch verstande un es isch mir alles ganz logisch vorcho: Natürlech muess öpper eso ände, wen er nie gnue het u nie zfride isch mit däm, won er hett! I hätti mir gwünscht, dass si no zrächte Ziit ufhört.

Hütt gseh i no anders i däm Märli. Zum Biispil der Ma. Däm chunnt s nid emal i Sinn, sich öppis z wünsche, won er no i siim Pott wohnt, wo nach Fisch stinkt. Isch das alls? Isch das es Läbe, wo me sich eifach muess zfride gä? Lohnti sech s nid, derfür z kämpfe, dass es besser wird? Mönschewürdiger?

Handle tuet er ja nume, wüll siini Frou stürmt! U wie stürmt si! Immer no meh, immer no grösser, immer no mächtiger sii wott si. I däm Begähre steckt e Hunger nach em Läbe, wo niemer gseht. Weder ihre Ma no der Butt no süsch öpper. Es steckt e grossi Tragik drin u das git mir z dänke.

Mir vo der Chilche chöi scho frage: Isch das alls, wo dir weit, liebi Lüt: Ässe, Chleider, elektronischi Grät, Sport, Karriere, Gäld, Partys? No meh und no meh? Aber gseh mir o der Läbeshunger, wo derhinger steckt? Gseh mer der Hunger, wo Mönsche umtriibt? Hunger nach Sinn, nach Glück, nach emene erfüllte Läbe? U hei mir öppis z biete, wo dä Hunger stillt? Oder sii mer eifach guet im Morale u löh d Lütt la hocke i ihrem Pott, oder ihrem Schloss oder wo o immer?

I der Bibel isch zimlech viel d Red vo däm Hunger u win er cha gstillt wärde. Zum Biispil i dene Värs, wo mer vori i der Läsig ghört hei. «Trachtet vielmehr zuerst nach seinem Reich und seiner Gerechtigkeit, dann wird euch das alles dazugegeben werden.» (Mt 6,33)

U drum steit s üs i der Chilche guet a, we mir vom moralische Ross oben abe chöme, mit em Fischer u siinere Frou zäme a Tisch hocke u zuelose.

De wärde mer ghöre vom Abglöschte, Abgstumpfte, Inträsselose, vom Ghetzt- u Tribesii. Mir würde aber o ghöre vom grosse Hunger nachem wahre Läbe, wo se umtriibt.

U de wärde mer i dere Wält voll Zerstreuig, Konsum, materielle Wärt usw. sälber dä Hunger u di Sehnsucht immer no gspüre u zuelah un is uf d'Suechi mache.

«Trachtet vielmehr zuerst nach seinem Reich und seiner Gerechtigkeit, dann wird euch das alles dazugegeben werden.» (Mt 6,33)

Jitz hei mer scho zwe verschiedeni Blick uf das Märli vom Fischer u siinere Frou gworfe. Erschtens der gängig: Wär masslos u gierig isch, dä schadet dermit nume sich sälber.

Der zwöit Blick gseht d Sehnsucht nach Läbe, wo sich hinder der Gier versteckt. Die Sehnsucht muess ghört u Ärnscht gno wärde.

U jitz zum Schluss wagen i no e dritte Blick: Das Märli vom Fischer u siinere Frou chönnti doch o dervo verzelle, wi Gott isch. «Was wott si de?», fragt der Butt, won es letschts Mal us em schuumige Meer uftoucht. E gwaltige Gwittersturm tobet. Der Fischer versteit siis eigete Wort nümm. «Ach, si wott wärde wi der lieb Gott», schreit er verzwiiflet use.

«Gang nume, si hocket scho wieder i der Fischerhütte», git der Butt zur Antwort. Das cha me äbe so verstah: Wi Gott wott si wärde? Nei, das geit nid. Si het ds Mäss verlore. U muess töif gheie.

Aber mi chönnt s o anders verstah: Wi Gott wott si wärde? Mira. Aber Gott isch ganz anders, als si dänkt. Er isch nid eifach nomal es bitzli mächtiger u prächtiger als der Chaiser oder der Papscht. Wi Gott wott si wärde? Gang nume, si hocket wieder i ihrem Pott. Dert, wo o Gott hocket. Bi den Fischer. Verzellt das Märli nid o vo däm? U isch dermit ganz noch bi der Botschaft vo der Bibel?

Gott isch arm worde. En eifache Mönsch. Em Jesus siini Mitstriiter sii Fischer gsii. Er isch viel bi ihne i der Hütte ghocket, mängisch o i de Salons vo de Glehrte oder i de Villene vo de Riiche – sogar bi dene, wo ihres Vermöge ergouneret hei.

Är sälber het nid viel gha. Chuum Gäld, ke politischi Macht, es paar wenigi Aahänger u so guet wi niemer, won ihm bis zletscht treu bliben isch.

Eso isch Gott. Un eso isch siis Riich. D Fischersfrou wär sicher enttüscht. Si hätti sich das glamouröser vorgstellt.

Mi dünkt das e schöne Gedanke: Wenn i Gott wott finde, muess i mi nid ufekämpfe. Er chunnt zu de normale Lüt. U hocket mängisch i der Fischerhütte. Bim Fischer u siinere Frou, wo Hunger u Durscht hei nach em wahre Läbe.

Amen.

Diese Predigt wurde in Frick in der Fastenzeit 2014 gehalten.

---

1   Dorothee Sölle, Es muss doch mehr als alles geben. Nachdenken über Gott, Herder 1992.

2   Nacherzählt nach: Gebrüder Grimm, Von dem Fischer un syner Fru, in: Märchen europäischer Völker, Bd. IV, Gütersloh 1980, S. 65ff.

3   Ebd., S. 66.

Maja Peter

Wo sich Gott verbirgt

Predigt zu Genesis 1,1–3,24 und Klaus Merz' Gedicht «Licht»

Licht

Es gibt Sätze
die heilen
und Tage
leichter als Luft.
Es gibt eine Stimme
die ich wiedererkenne
noch bevor sie
mich ruft.

Klaus Merz[1]

Die Einladung von Pfarrerin Verena Mühlethaler, im Offenen
St. Jakob zu predigen, war für mich Anlass, wieder einmal die
Genesis zu lesen. Meine erste Reaktion auf die Lektüre war Ent-
täuschung. Obwohl ich die Genesis seit meiner Kindheit kenne,

hatte ich Geschichten über Gott erwartet. Stattdessen las ich Geschichten über Menschen, oder genauer: über Generationen. Die Männer nehmen sich die Frauen und diese gebären ein Kind nach dem anderen. Können sie keine Kinder bekommen, schicken sie die Mägde zu ihren Männern. Die Kinder streiten sich um die Gunst der Eltern, um Macht und um die Liebe Gottes. Gott, der sich am Anfang der Bibel noch liebevoll um die Erschaffung der Welt und der Menschen kümmert, wird von Seite zu Seite bösartiger. Er droht, massregelt und bestraft Mensch und Natur.

Nach der Lektüre habe ich mich gefragt: Habe ich richtig gelesen? Ist das die Kunde von Gott, auf welche sich die Christen seit zweieinhalb Jahrtausenden berufen? Was wird mir erzählt? Also las ich die ersten Seiten, die Schöpfungsgeschichte, erneut.

Zu Beginn erschafft Gott aus dem Nichts Himmel und Erde. Dann sagt er die ersten Worte. «Es werde Licht.» (Gen 1,3) Gott macht mit einem Satz das Licht und die Sprache. Oder die Sprache und das Licht? Jedenfalls spricht Gott wie die Menschen, die er darauf entstehen lässt – und sie wie er.

Als Schriftstellerin kann ich es auch Licht werden lassen. Schreibend knipse ich es ein, lasse die Sonne sengen, eine Zigarette glimmen. Im Unterschied zu Gott kann ich allerdings davon ausgehen, dass die Leserinnen und Zuhörer schon Licht gesehen, es auf der Haut gespürt haben. Dem Wort «Licht» geht eine Erfahrung voraus. Fehlt einem Wort der Rückhalt im Erleben, ist es Behauptung. Das gilt auch für das Wort «Gott». Ohne Erfahrung des Göttlichen wissen wir nicht, was damit gemeint ist. Dann ist Gott einfach Teil einer Geschichte.

In der Schöpfungsgeschichte erschafft Gott nach dem Licht und der Zeit den Menschen. Er nimmt einen Klumpen Erde, formt den Mann und aus dessen Rippe die Frau. Beiden haucht er Atem ein und setzt sie in den Garten Eden, wo für sie gesorgt ist. Das Paar muss sich nicht abmühen, um am Leben zu bleiben. Die Früchte der Bäume fallen ihnen zu. Sie brauchen keine Kleider, keine Unterkunft. Gott schützt sie. Dann kommt die

Schlange. Eva und Adam essen vom Baum der Erkenntnis und werden zur Strafe aus dem paradiesischen Garten vertrieben.

Seither ist das Leben der Menschen mühselig. Adam muss «im Schweisse [seines] Angesichts» (Gen 3,19) sein Brot essen und Eva unter Schmerzen Kinder gebären.

Es ist eine mitleidslose, aber auch geheimnisvolle Geschichte, mit der sich die Menschen 1000 bis 600 Jahre vor Christus, der Zeit der Niederschrift der Genesis, zu erklären versuchten, warum die Welt war, wie sie war und warum sie selbst waren, wie sie waren. Sie stellten sich die gleichen Fragen, die wir uns trotz naturwissenschaftlicher Erkenntnisse über die Entstehung der Welt auch stellen: Warum müssen wir uns abrackern? Warum machen wir uns gegenseitig das Leben schwer? Wie finden wir Erfüllung? Wer kann unsere Sehnsucht stillen? Wie die Menschen vor 3000 Jahren hadern wir mit unserem Schicksal. Wie sie sehnen wir uns nach paradiesischen Zuständen.

Dennoch frage ich mich, ob es sich bei Gottes Verdikt, wonach wir arbeiten, unter Schmerzen Nachkommen zur Welt bringen und sterben müssen, wirklich um eine Strafe handelt. Hat Gott unser Leben nicht vielmehr von Anfang an so vorgesehen? Warum sonst hat er den Baum der Erkenntnis ins Paradies gepflanzt und mit verführerischen Früchten versehen?

Hätten Eva und Adam die Frucht der Erkenntnis nicht gegessen, wären wir frei von Hunger, Zwängen, Trauer, Ängsten, Zweifeln, ungestillten Sehnsüchten. Die Liebe und Gott wären immer in Reichweite. Was würden wir in dieser Freiheit tun? Was würden Sie, liebe Zuhörer und Leserinnen, tun?

Ich würde wohl essen, die Sonne geniessen, spazieren, mich dem Geliebten hingeben. Und ich würde schreiben. Würde ich? Hätte ich ohne Not, ohne Streit, ohne Empörung und ohne Sehnsucht nach Liebe und Licht den Drang zu schreiben? Würde ich ohne Erkenntnis nachdenken können, nachdenken wollen?

Der Ausdruck «Erkenntnis von Gut und Böse» bedeutet im hebräischen Sprachgebrauch «die Erfahrung von allem» und «das Mächtigwerden aller Dinge und Geheimnisse». Dies haben sich Adam und Eva mit der Frucht einverleibt. Damit wurde der Mensch zum Menschen, der wir heute sind. «Die Erfahrung von allem» und der Tod gehören zu uns.

Auch die Literatur gehört seither zu unserem Leben. Der Schock des Todes und die Mühsal der «Erfahrung von allem» liessen Adam und Eva ins Buch, die Bibel, eingehen. Und damit in die Literatur. Seit dem Sündenfall sind wir auf die Literatur angewiesen. In ihr finden wir uns wieder. Beim Lesen von Romanen, Gedichten, Erzählungen und Bibeltexten können wir träumen, fragen, zweifeln, nachdenken. Literatur lebt von der «Erfahrung von allem». Weil sie abstrakte Begriffe meidet, lässt sie die Dinge mächtig werden. Auch Allmachtsphantasien sind Teil von ihr.

Falls Gott Adam und Eva tatsächlich daran hindern wollte, vom Baum der Erkenntnis zu essen, wollte er sie wohl vor jenen Allmachtsphantasien bewahren, die ausserhalb der Literatur ausgelebt werden. Gegen die Literatur selbst kann Gott, der mit einem Wort Licht gemacht hat, nichts haben. Denn die Literatur hält die Sprache lebendig. Um über Gott zu reden und zu schreiben, braucht es eine lebendige Sprache. Sonst wird er zu einem alten Mann mit Bart. Zur leeren Behauptung.

Eine lebendige Sprache lebt von der Wahrnehmung der Schreiberin, vom Mut des Erzählers zur persönlichen Sichtweise. Eine lebendige Sprache ist eine suchende Sprache, die Wörter hinterfragt und ihrem üblichen Gebrauch misstraut. Nur eine suchende Sprache kann sich an Unbeschreibliches herantasten. Göttliches ist unbeschreiblich. Und Göttliches entzieht sich, kaum glauben wir, es zu erhaschen.

Wohin entzieht es sich? Gott zieht sich am siebten Tag zurück, um auszuruhen. Wohin er sich zurückzieht, steht nicht. Wo also erholt er sich von «all seinem Werk»? Wo finden wir ihn? Lesen wir Klaus Merz' Gedicht, ahnen wir es.

Da Gottes Werk von Worten begründet ist, ist der Abstand zwischen den Zeilen sein nahe liegender Rückzugsort.

Zwischen den Zeilen gibt es Platz, es ist still und die Luft kann durchziehen. Manchmal macht Gott dort einen Spaziergang, wie er es im Garten Eden zu tun pflegte. Wenn wir aufmerksam lesen, vernehmen wir wie Adam und Eva nach dem Biss in die Frucht «die Schritte des Herrn, Gottes, wie er beim Abendwind im Garten wandelt» (Gen 3,8). Das Menschenpaar erschrickt und versteckt sich aus Scham vor ihm. Gott sucht die beiden hinter Bäumen, im Gebüsch. Er streckt den Kopf durch die Zeilen, ruft nach ihnen. Wenn wir aufmerksam sind, hören wir sein «Wo bist du?» (Gen 3,9).

Die Predigt wurde am 16. Februar 2014 im Rahmen von sechs Schriftstellergottesdiensten, die im Offenen St. Jakob in Zürich durchgeführt wurden, gehalten. Die Autorin dankt Pfarrer Marcel Cavallo für den Gedankenaustausch.

---

1   Klaus Merz, Licht, in: Ders., Aus dem Staub, Gedichte, Haymon Verlag, Innsbruck-Wien 2010.

Ruedi Bertschi

Mit dem Pharisäer Freund werden

Predigt zu Lukas 18,9–14

Er [Jesus] sagte aber auch zu etlichen, die sich selbst zutrauten, gerecht zu sein, und die anderen verachteten, dieses Gleichnis: Zwei Menschen gingen hinauf in den Tempel, um zu beten, der eine ein Pharisäer und der andere ein Zöllner. Der Pharisäer stellte sich hin und betete so: O Gott, ich danke dir, dass ich nicht bin wie die übrigen Menschen, Räuber, Ungerechte, Ehebrecher oder auch wie dieser Zöllner. Ich faste zweimal in der Woche, ich gebe den Zehnten von meinem ganzen Einkommen. Der Zöllner aber stand von ferne und wollte nicht einmal seine Augen zum Himmel erheben, sondern er schlug an seine Brust und sprach: O Gott, sei mir Sünder gnädig! Ich sage euch: Dieser ging mehr gerechtfertigt in sein Haus hinab als jener. Denn jeder, der sich selbst erhöht, wird erniedrigt werden; wer sich aber selbst erniedrigt, wird erhöht werden.

Liebe Gemeinde, liebe Gäste

Wir haben soeben die Geschichte vom Pharisäer und vom Zöllner im Tempel gehört. Wer von Ihnen hat diese Geschichte schon gekannt und wusste, wie sie ausgeht? Strecken Sie mal die Hand auf!! – Wow! Die Meisten von uns kannten also die Geschichte. Die Meisten von uns wussten darum auch bereits im Voraus, wie die Geschichte ausgeht. Die Meisten von uns wussten: Jesus wird dem Zöllner Befreiung zusprechen. Den Pharisäer aber wird er belastet nach Hause schicken.

Der Pfarreileiterin Gaby Zimmermann habe ich bereits Anfang Woche angekündigt: «Ich werde dann im Gastgottesdienst eine Lanze für den Pharisäer brechen!» Und ich habe meine Absicht im Laufe der Woche nicht geändert. Im Gegenteil! Ich will Euch heute Morgen den Pharisäer so richtig lieb machen. Ich bin sogar überzeugt: Wer unter uns den Pharisäer nicht lieb gewinnt, der hat bereits verloren! Darum lautet das Thema dieser Predigt: «Mit dem Pharisäer Freund werden.»

Ich fange zuerst einfach mal bei mir an! Ich habe mich vor etwa 36 Jahren für eine Christusnachfolge entschieden. Ja, ich wollte ein Jünger von Jesus werden, sein und bleiben. Ich wollte einer werden, der auf sein Wort hört und es auch tut, auch dann, wenn es mich das Leben kostet. Darum habe ich Turnverein und Schwingclub an den Nagel gehängt und mich in unserer Kirchgemeinde voll in der Jugendgruppe und in der Jungschar engagiert. Am Mittwochmorgen um 6.10 Uhr ging ich jeweils zum Frühgebet ins Kirchgemeindehaus. Um Jesu willen habe ich als Erstgeborener den schönen Hof meiner Eltern nicht übernommen, sondern meinem jüngeren Bruder Hans zurückgelassen. Statt Agronomie studierte ich Theologie. Schon im 2. Studienjahr wurde mir klar: Ins Pfarramt kann ich mal nicht gehen. Da hätte ich zu viele Privilegien. Ich gehe besser dorthin, wo mich Gott am meisten gebrauchen kann. Sechs Jahre später landete ich südlich von der Sahara im Sahel in Nordkamerun, mit fünf Monaten Regen- und sieben Monaten Trockenzeit. Im ersten Jahr bewohnte ich eine Lehmhütte mit einem einzigen Raum. Sie hatte einen Sandboden, vier geweisselte Wände und ein Wellblechdach. In einer afrikanischen Grossfamilie mit drei erwachsenen Brüdern, acht Ehefrauen und einer munteren Schar

Kindern lernte ich täglich die neue Sprache und die neue Kultur. – Ich war kein Räuber. Ich war kein Betrüger. Ich war auch kein Ehebrecher – obwohl ich nicht mal eine eigene Frau hatte. Ich fastete einmal pro Woche. Ich gab den Zehnten von meinem Gotteslohn und hatte als Fortbewegungsmittel ein schlichtes Fahrrad. Merken Sie? Ich war durch und durch in der Position unseres guten Pharisäers. Und ich sage Ihnen ganz unumwunden: Die Pharisäer, das waren zur Zeit von Jesus die Besten in der jüdischen Glaubens- und Volksgemeinschaft. Die Pharisäer nahmen das Wort Gottes ernst. Die Pharisäer versuchten gewissenhaft nach Gottes Ordnungen zu leben. Sie kopierten die Heiligen Schriften. Sie gründeten Synagogen, Leseschulen für Kinder und Bibelgesprächskreise für Erwachsene. Ohne sie hätten wir – menschlich gesprochen – heute das Alte Testament gar nicht mehr. Ohne sie wäre – menschlich gesprochen – die jüdische Gemeinde nach der Zerstörung des Zweiten Tempels im Jahre 70 n. Chr. sang- und klanglos untergegangen.

Und nun noch ein Hinweis zu den Zöllnern von damals. Sie haben nicht viel mit den heutigen Schweizer Zollbeamten gemeinsam. Zöllner damals waren Menschen aus der jüdischen Gemeinschaft, die um des Geldes willen gemeinsame Sache mit der römischen Besatzungsbehörde gemacht hatten. Die Römer machten sich, so weit wie möglich, ihre Hände nicht schmutzig. So wurden die römischen Zollstellen jeweils für eine gewisse Zeit an den meistbietenden Einheimischen verpachtet. Der Pächter hatte dann die Aufgabe, die an die Römer bezahlte Summe wieder einzutreiben und dazu auch noch seinen Lebensunterhalt draufzuschlagen. Wie viel das war, interessierte die römische Verwaltung nicht, solange es kein Pächter übertrieb und einen Aufstand provozierte. Zöllner hatten darum in der Gesellschaft einen doppelten Makel: Sie galten als Vaterlandsverräter und Halsabschneider. Sie galten als Räuber und Betrüger. Und dort, wo unehrlich Geld verdient wird, wird es oft auch für zweifelhafte Dinge wieder ausgegeben. Da war der Verdacht auf Ehebruch nicht restlos unberechtigt … Der Pharisäer und der Zöllner. Der Pharisäer, der Gott dankt, dass er nicht so ist wie die andern. Der Zöllner, der um sein verkehrtes Wesen weiss und um Gnade bittet …

Ich will Euch heute Morgen den Pharisäer lieb machen. Ich habe nämlich den Eindruck, dass die meisten unter uns mehr eine Biografie eines Pharisäers haben, als die Biografie eines Zöllners. Und ich will Euch auch sagen: Das ist gar nicht so schlecht! Die Pharisäer – mit ihnen konnte man eine Synagoge bauen und eine Synagoge mit Leben füllen. Die Pharisäer – sie waren es, die das Volk zusammenhielten und es vor dem Untergang bewahrten. Ihr, die Ihr wohl grossmehrheitlich eher ein Leben eines Pharisäers führt als das eines Zöllners, Ihr müsst Euch deswegen nicht schämen, im Gegenteil! Mit Euch kann man neue kirchliche Räume bauen. Mit Euch kann man diese Gebäude mit Leben füllen. Dank Euch lebt die Kirche, dank Eurer Treue, Eurer Ernsthaftigkeit, Eurer Spendenbereitschaft. Ich hoffe darum sehr, dass der Pfarreirat weiterhin viel Sorge trägt zu all den grossen und kleinen Pharisäern in dieser wunderbaren Pfarrei – zu den Verantwortlichen der Frauenkreise, zu den Katechetinnen, zu den Mesmern, zu den Musikern, Chorleitern, Sängerinnen und Sängern, zu den Engagierten im Integro, im Solinetz, in der Ökugruppe und wie die Gruppen und Kreise alle heissen. Ohne Pharisäer läuft nichts, aber auch gar nichts!

Warum aber um Gottes Willen kommt der Pharisäer in dieser Geschichte dennoch bei Jesus so schlecht weg, obwohl ihn der Ruedi Bertschi seit 10 ½ Minuten durch alle Böden hindurch verteidigt? Warum? Jetzt müssen wir Pharisäer ganz gut zuhören!! Weil der Pharisäer sich auf seine Lebensführung und seine Lebensfügung etwas einbildet. Und weil er die andern Menschen verachtet, die nicht so geführt wurden wie er und ihr Leben nicht so angegangen sind wie er. Das ist es! Das ist es! Und das kritisiert Jesus durch alle Evangelien hindurch. Dass der Pharisäer so fromm und so gut ist, das ist nicht das Problem von Jesus! Die Sünde des Pharisäers besteht darin, dass er die andern verachtet und schlecht macht. Und das ist die grosse

Herausforderung der Treuen und Engagierten zu allen Zeiten, dass sie sich darauf was einbilden und sich besser fühlen und deswegen andere schlecht machen und runterdrücken, ja sie sogar aus der Gemeinschaft der Heiligen ausgrenzen. So wie es die grosse Herausforderung für die Räuber, Betrüger und Ehebrecher ist, dass sie zwar um Vergebung bitten, aber am nächsten Tag genau so wieder weiterfahren und weitermachen. Oder wie man früher von den Trinkern sagte: «Am Abend kreuzblau und am Morgen beim Blauen Kreuz.»

Wissen Sie, ich kenn die Schattenseite der Treuen und Engagierten nur zu gut aus meinem Leben. Auch ich wähnte mich meiner Frömmigkeit nach gut 10 Jahren Missionar doch schon ziemlich sicher. Ich wurde auch unbarmherzig gegenüber diesen und jenen. Und dann hat mich Gott mit Hilfe von abgrundtiefen Depressionen nochmals so richtig durchgeschüttelt. Ich verbrachte zwei Mal viele Wochen in der Klinik im Kreise von Gescheiterten und Zerbrochenen – nicht als grosser Seelsorger, sondern als Mitgescheiterter und Mitzerbrochener. Es war schrecklich demütigend, aber auch reinigend, klärend und heilsam zugleich.

Zum Schluss noch ein Kurzgedicht von Eugen Roth. Das Gedicht trägt den Titel: «Der Salto».[1] Passen Sie gut auf, sonst verpassen Sie die Pointe! Weil es sehr kurz ist, werde ich es zweimal lesen und dann nur noch AMEN sagen:

Der Salto
Ein Mensch betrachtete einst näher
die Fabel von dem Pharisäer,
der Gott gedankt voll Heuchelei
dafür, dass er kein Zöllner sei.
Gottlob! rief er in eitlem Sinn,
dass ich kein Pharisäer bin!

Amen

Diese Predigt wurde am Gastgottesdienst vom 27.10.2013 in der Kirche St. Johannes in Romanshorn gehalten.

1   Eugen Roth, Der Salto, in: Ders., Ein Mensch, Heitere Verse, München 2006.

Andreas Bruderer

Heil und Heilung

Predigt zu Markus 9,17–27

Und einer aus dem Volk antwortete ihm [Jesus]: Meister, ich habe meinen Sohn zu dir gebracht, der einen stummen Geist hat; Und wo er ihn überfällt, reisst er ihn herum, und er schäumt und knirscht mit den Zähnen, und er magert ab. Und ich sagte deinen Jüngern, sie möchten ihn austreiben; und sie vermochten es nicht. Da antwortete er ihnen und sprach: O du ungläubiges Geschlecht, wie lange soll ich noch bei euch sein? Wie lange soll ich euch noch ertragen? Bringet ihn zu mir! Und sie brachten ihn zu ihm. Und als er ihn sah, riss ihn der Geist alsbald hin und her, und er fiel auf die Erde und wälzte sich schäumend. Und er fragte seinen Vater: Wie lange ist es her, dass ihm dies widerfahren ist? Er antwortete: Von Kindheit an; und er hat ihn oft sogar ins Feuer und ins Wasser geworfen, um ihn umzubringen. Aber wenn du etwas vermagst, so hab Erbarmen mit uns und hilf uns! Da sprach Jesus zu ihm: Wenn du etwas vermagst? Alles ist möglich dem, der glaubt! Alsbald rief der Vater des Knaben laut: Ich glaube; hilf meinem Unglauben! Als aber Jesus sah, dass das Volk zusammenlief, bedrohte er den unreinen Geist und sprach zu ihm: Du stummer und tauber Geist, ich gebiete dir: Fahre aus von ihm und fahre nicht mehr in ihn hinein! Und nachdem er geschrien und ihn heftig hin und her gerissen hatte, fuhr er aus; und er wurde wie tot, so dass die meisten

sagten: Er ist gestorben. Jesus aber ergriff ihn bei der Hand und richtete ihn auf;
und er stand auf.

Liebe Gemeinde!

«Warum sprichst du so wenig von Gott und vom Glauben?»,
hat mich vor kurzem jemand gefragt, der mir nahesteht. «Du
bist doch Pfarrer?»

Wenige Tage später bin ich bei der Suche nach einem
Predigttext für den heutigen Sonntag auf unsere Geschichte
gestossen. «Ich vertraue Gott ja» – ruft der verzweifelte Vater
des kranken Kindes – «und kann es doch nicht! Hilf mir vertrauen!» oder wie in unserer Übersetzung: «Ich glaube! Hilf
meinem Unglauben!» (Mk 9,24).

Was eigentlich meinen wir, wenn wir vom Glauben reden?

In einer Stadt – so erzählt eine Geschichte – hat ein Ar-
tist sein Hochseil gespannt und führt vor dem Publikum seine
Kunststücke vor, eines spannungserregender als das andere.
Die Menschenmenge ist begeistert. Totenstille liegt über dem
Platz, als er zum Abschluss auch noch eine Schubkarre über das
Hochseil schiebt. Donnernder Applaus anerkennt sein Können.

Der Artist fragt die Menge: «Trauen Sie mir zu, dass ich
die Schubkarre auf dem gleichen Weg wieder zurückschieben kann?» Begeistert klatscht man Zustimmung. Der Artist
schweigt eine Weile. Die Menge meint, er zaudere. «Weitergehen», rufen ihm einige zu. Der Mann auf dem Hochseil fragt
einen der Rufer: «Sie da unten, trauen Sie mir wirklich zu, die
Karre zurückschieben zu können?» «Selbstverständlich», ruft
der Mann zurück. «Dann», fordert der Artist ihn auf, «kommen
Sie doch herauf und setzen sich in die Karre!»[1]

Was eigentlich meinen wir, wenn wir vom Glauben reden?

Der Vater des kranken Kindes setzt sich – im Bild gesprochen – in die Karre. Allerdings tut er dies überhaupt nicht
selbstverständlich. Sein Ausspruch: «Ich glaube! Hilf meinem
Unglauben!» zeigt einen Menschen, der um die Unzulänglich-

keit seines Glaubens weiss. Er weiss, dass sein Glaube schwach ist und wagt es trotzdem, sich auf ihn zu verlassen.

Mir kommt das Verhalten dieses Mannes sehr entgegen. Es befreit mich in zweierlei Hinsicht.

Zum einen befreit es mich von der Vorstellung, im Glauben perfekt sein zu müssen. Ich darf zweifeln. Im Zusammenhang mit einer Naturkatastrophe hat eine Zeitung einmal den Titel gesetzt: «Das Wallis – von Gott verlassen?» Sie hat damit ausgedrückt, dass es im Leben von einzelnen Menschen und von Menschengruppen immer wieder Situationen gibt, in denen die Frage besonders drängend wird, wie Gott denn solches zulassen könne. Solcher Zweifel widerspricht dem Glauben nicht, solange die Adresse die gleiche bleibt, nämlich Gott.

Zum andern befreit mich das Verhalten des Vaters mit dem kranken Kind von der Vorstellung, mein Glaube sei ein bestimmtes Verhalten, das ich mir mühsam erwerben müsse. Und wenn ich mir den Glauben dann einmal erworben habe, dann gehöre er mir auch.

In unserer Geschichte geht es dem Vater anfangs gar nicht um den Glauben. Er will, dass sein Kind wieder gesund wird – nicht mehr, nicht weniger. Er will es von den Ursachen der Krankheit – nach damaligem Verständnis waren dies böse Geister – heilen.

Ich denke, wir verstehen diesen Vater sehr gut. Wer würde als Vater nicht alles versuchen, damit sein krankes Kind wieder gesund wird. Tatsächlich geschieht das erhoffte Wunder. Jesus richtet den Jungen, der wie tot daliegt, auf. In den Augen seiner Umgebung heilt er ihn – obwohl bei Epilepsie nicht auszuschliessen ist, dass sich die Anfälle später wiederholen werden. Alle Aufmerksamkeit richtet sich auf dieses Wunder. Dadurch wird das andere Wunder leicht übersehen.

Unsere Geschichte ist nämlich nicht nur die Geschichte von der Heilung eines Kindes, sondern sie ist vor allem die Geschichte von der Heilung eines Vaters. Da geht es nicht nur um Heilung, sondern auch um Heil. Da geschieht das Wunder, dass ein Mensch beginnt, Gott zu vertrauen.

Der Vater des kranken Kindes hat dieses Vertrauen nicht gesucht. Seine Sorge um seinen kranken Sohn hat ihn schliesslich dazu geführt, sich im Gespräch mit Jesus den Glauben schenken zu lassen.

Er bittet Jesus: «Hilf meinem Unglauben» und sagt damit: «Ich bin bereit, es mit dem Glauben zu wagen. Ich bin bereit, in die Karre einzusteigen, und mich übers Drahtseil schieben zu lassen. Ich weiss aber auch um meine Angst – um meine Schwächen und Grenzen. Darum kann ich nicht einfach sagen: Ich glaube. Darum bitte ich um den Glauben wie um ein Geschenk. Auf ein Geschenk habe ich keinen Anspruch. Ich vertraue aber darauf, dass Gott mir den Glauben schenkt und dass er mich auch dann nicht fallen lässt, wenn ich zweifle.»

«Warum sprichst du so wenig von Gott und vom Glauben. Du bist doch Pfarrer?» Ich habe lange gezögert. Dann habe ich geantwortet: «Wichtiger als das Reden über Gott ist für mich meine Erfahrung, dass da ein Boden ist, der trägt. Eine Hand, die mich auch in meinen Zweifeln und Ängsten hält. Diese persönlichen Erfahrungen zeigen mir, dass Gott ist. Am nächsten kommt mir Gott nicht, wenn ich über ihn rede, was ich natürlich als Pfarrer immer wieder auch tun muss. Am nächsten kommt mir Gott, wenn ich *zu* ihm rede.»

Der frühere israelische Ministerpräsident David Ben Gurion gab einmal einen Empfang, zu dem auch der Religionsphilosoph Martin Buber geladen war. Bei dieser Gelegenheit fragte ihn der Regierungschef: «Professor Buber, warum glauben Sie eigentlich an Gott?» Buber erwiderte ihm: «Wenn es ein Gott wäre, von dem man reden kann, dann würde ich auch nicht glauben. Weil es aber ein Gott ist, zu dem man reden kann, darum glaube ich an ihn.»[2]

Ziel des Glaubens ist nicht ein Etwas, über das ich reden kann. Ich kann zwar sagen, Gott sei so oder anders. Gott hätte diese oder jene Eigenschaften. Doch dadurch komme ich Gott nicht nahe. Ziel des Glaubens ist Gott als ein Gegenüber, zu dem und mit dem ich reden kann. Reden wie mit einem guten Freund. Reden wie mit einem guten Vater. Reden wie mit einem sehr nahestehenden Menschen. Solches Reden mit Gott heisst beten. Glauben heisst beten.

Wer glaubt, muss nicht perfekt sein. Ich muss mir den Glauben auch nicht mühsam erwerben. Ich darf ihn mir schenken lassen. Wichtig bei all dem ist aber, dass die Adresse stimmt. Deutlich zeigt dies die biblische Geschichte von Petrus, der auf Jesu Ruf hin aus dem Boot steigt, auf Jesus zugeht und, weil er Angst bekommt, zu versinken droht. Der sinkende Petrus schwimmt nicht, sondern streckt seine Hand Jesus entgegen. Auch in seiner Angst und in seinem Zweifeln bleibt er auf Jesus ausgerichtet.

In unserer Geschichte sagt der Vater zu Jesus: «Ich habe deine Jünger gebeten, den bösen Geist auszutreiben, aber sie konnten es nicht! Und Jesus sagt zu seinen Jüngern: Nur durch Gebet kann man solche Geister austreiben.»

Die Jünger Jesu sind überfordert. Sie, die doch Jesus am nächsten stehen, wissen nicht mehr weiter. Ein Vater kommt mit seinem kranken Kind zu ihnen, will ihre Hilfe und sie können nicht helfen. Sie können es deshalb nicht, weil sie das Gespür für das jetzt gerade Nötige nicht haben. Das gilt für die damaligen Nachfolgerinnen und Nachfolger Jesu ebenso wie für uns heutige Christinnen und Christen. Menschen kommen vom Rand oder von ausserhalb unserer Kirche zu uns aktiven Christinnen und Christen und wollen eine Antwort. Sie wollen nicht nur hören, sondern auch spüren, was Glaube ist. Können wir ihnen diese Antwort geben? Was braucht es, damit die Kirche wirklich Kirche Jesu Christi bleibt?

Ich denke, es braucht die Bereitschaft des Vaters in unserer Geschichte, auch unbekannte, neue Wege zu gehen. Vielleicht ist das Sich-salben-Lassen und Sich-die-Hände-auflegen-Lassen für Sie ein solcher neuer, unbekannter Weg.

Es braucht eine Achtsamkeit, die herausspürt, was jetzt nötig ist. Es braucht den Mut, in die Karre zu steigen und sich übers Hochseil ziehen zu lassen. Vor allem braucht es immer wieder die Ausrichtung auf Gott, wie er uns in Jesus Christus nahe gekommen ist.

Dies kann durchaus auch eine zweifelnde Ausrichtung sein. Wichtig ist, dass die Adresse stimmt. Glaube – so haben wir festgestellt – ist im Grunde genommen nichts anderes als beten: mit meinen Zweifeln, mit meinen Hoffnungen. Dazu wünsche ich uns allen immer wieder die nötige Kraft.

Amen.

Diese Predigt wurde am Heilungsgottesdienst vom 9. Februar 2014 in der reformierten Citykirche Offener St. Jakob in Zürich gehalten.

1   Zitiert nach: www.fundus-jugendarbeit.de/material/material.asp?id= 1990 [5.2.14]

2   Zitiert nach: www.fundus-jugendarbeit.de/material/material.asp?id= 1993 [5.2.14]

Thomas Grossenbacher

Ich lasse dich nicht

Predigt zu Genesis 32,23–32

Noch in jener Nacht aber stand er [Jakob] auf, nahm seine beiden Frauen, seine beiden Mägde und seine elf Kinder und ging durch die Furt des Jabbok. Er nahm sie und brachte sie über den Fluss. Dann brachte er hinüber, was er sonst noch hatte. Jakob aber blieb allein zurück. Da rang einer mit ihm, bis die Morgenröte heraufzog. Und er sah, dass er ihn nicht bezwingen konnte, und berührte sein Hüftgelenk, so dass sich das Hüftgelenk Jakobs ausrenkte, als er mit ihm rang. Und er sprach: Lass mich los, denn die Morgenröte ist heraufgezogen. Er aber sprach: Ich lasse dich nicht, es sei denn, du segnest mich. Da sprach er zu ihm: Wie heisst du? Und er sprach: Jakob. Da sprach er: Du sollst nicht mehr Jakob heissen, sondern Israel, denn du hast mit Gott und mit Menschen gestritten und hast gesiegt. Und Jakob fragte und sprach: Bitte nenne mir deinen Namen. Er aber sprach: Was fragst du nach meinem Namen? Und dort segnete er ihn. Und Jakob nannte die Stätte Peniel. Denn, sagte er, ich habe Gott von Angesicht zu Angesicht gesehen und bin mit dem Leben davongekommen. Und als er an Penuel vorüber war, ging ihm die Sonne auf. Er hinkte aber wegen seiner Hüfte.

Liebe Gemeinde!

Was für ein Text, was für eine Musik[1]! Jakob ringt um den Sinn seines Lebens. So bittet er Gott: «Ich lasse dich nicht, du segnest mich denn.» Und Jakob bekommt, worum er bittet. Seine Bitte ist ein Notruf. Eigentlich wollte er das Leben und seine Zukunft selber in den Griff bekommen. Er tat es sein Leben lang, diplomatisch und mit List. Als Verantwortlicher einer grossen Sippschaft weiss er die Fäden zu ziehen. Fürsorglich und auch mit eigenen Interessen. Jakob kennt aber auch das andere, das Dunkle der Nacht, in dem alles Wollen unsinnig erscheint. Er erfährt die Grenzen der Macht, seines eigenen Glückes Schmied zu sein.

Und doch versuchen Jakob und wir es immer wieder, unser Glück zu schmieden, unsere Ziele zu erreichen. Wir schicken oft unseren guten Willen voraus, wie Jakob seine Geschenke, mit denen er seinen Bruder Esau freundlich stimmen will.

Nach langer Zeit will Jakob seinem Bruder begegnen und ihm in die Augen sehen. Doch er weiss, wie vorbelastet die Beziehung und damit eine Begegnung auf Augenhöhe ist. Nach all dem, was geschehen ist, nach all dem, was er seinem Bruder Esau angetan hat. Jakob ist kein Lamm. Schon früh hat er ihn mit List betrogen und so den Segen seines Vaters erschlichen. Das überschattet und verdunkelt ihm diese Nacht am Jabbok.

Jakob will vor der Begegnung mit Esau alles noch einmal überschlafen. Dann möchte er den Schritt wagen, der längst schon an der Zeit gewesen wäre. Mit sich allein und in der Stille will er sich auf das Wesentliche konzentrieren. Darum bleibt Jakob allein zurück. Aber selbst wenn wir alleine sind, haben wir es immer noch mit uns selber zu tun. Das ist oft alles andere als einfach. Alleinsein garantiert noch nicht, dass wir zur Ruhe finden und mit uns ins Reine kommen.

Jakob ist nicht allein, noch in anderer Hinsicht nicht. Er war es nie und ist es auch jetzt nicht. Sein Leben ist eine nicht abbrechende Folge von offenen und verborgenen Gottesbegegnungen. Unbewusst und bewusst begleitet ihn das Geheimnis seines Lebens, entwickelt ihn, verändert ihn, holt ihn heraus aus seinem Anspruch, nur sich selbst zu sein und genügen zu müssen, auch jetzt.

Weiss er das?

Jakob will es wissen. Zuweilen erpresserisch und anmassend geht er dabei vor. Und wie er es tut, lernt er schmerzhaft, dass Gott sich seine Nähe und den Segen nicht erschleichen lässt.

Wenn Gott Menschen begegnet, ist es mehr als das Resultat menschlicher Anstrengungen und Bemühungen. Er ist schon da. Das leuchtete ihm auf im grossen Jakobstraum. Im Unbewussten ging ihm auf, wie offen der Himmel für ihn ist.

Das ist ein Teil seines Glaubensschatzes, der in ihm schlummert. Ein Zweites gehört dazu. Nicht zufällig trägt Jakob das Versprechen eines ihn schützenden Gottes in seinem Namen. Tief in seinem Innersten eingeschrieben ist die Geschichte, die ihm sein Vater Isaak mehr als nur einmal erzählt hatte.

Eine zwiespältige Geschichte mit sehr dunklen Seiten und einem wunderbaren Ende.

Sein Grossvater Abraham hatte den ahnungslosen Isaak zum Opfern mit auf den Berg genommen. Beinahe wäre dabei Isaak ein Opfer des väterlichen Glaubens geworden. Diese Geschichte ist Jakob geblieben. Er trägt an ihr mit. Er weiss, wie nahe sich Segen und Fluch immer wieder kommen. Aber Jakob weiss auch: er wäre nicht da, wäre jene Geschichte am Opferberg am Ende nicht bewahrend ausgegangen.

Nun ringt Jakob in der Dunkelheit jener Nacht am Jabbok. Er will Eindeutigkeit. Er will wissen, mit wem er es in seinem Leben zu tun hatte und auch jetzt zu tun hat. Wie anders könnte er erfahren, wer er selber ist?!

So verkeilt er sich in sein Gegenüber, ringt mit ihm. Oder ist es umgekehrt? Ist es der andere, der mit ihm und um ihn ringt? Es ist im Text kaum zu unterscheiden, wer wer ist. Wer ist da «er», ist es Gott oder Jakob? Oder ist er jetzt Gott – wer aber wäre dann Jakob?

Auch der Komponist der Motette ist von dieser Geschichte beeindruckt. Wir haben es gehört, wie eins übers andere das «Ich» aufblitzt. «Ich, ich lasse dich nicht, du segnest mich denn.» Wer lässt hier wen nicht los? Gibt es ihn – Jakob – überhaupt ohne Gott? Die Ringenden sind kaum mehr auseinanderzuhalten.

Dieses Ringen Jakobs sah ich kürzlich in einer Theaterinszenierung. Textgetreuer hätte der Regisseur diese Szene nicht auf die Bühne bringen können. Da rangen die zwei miteinander. Und während dem Ringen zog der eine die Kleider des anderen aus und legte sie sich noch ringend selber an. Am Ende war keiner mehr der, der er vor dem Ringkampf war. Jakob nicht – der andere nicht. Wie übers Kreuz waren beide andere geworden. Ein merkwürdiger Tausch.

Was für ein Ringen, in dem so viel Veränderung geschieht. Am Jabbok geht es für Jakob um alles oder nichts. Er riskiert alles in jener Nacht. – Nach dem Kampf hinkt Jakob. Spurlos geht so was an keinem Menschen vorbei. Aber Jakob erlebt – wenn auch schmerzhaft –, wie er ein anderer wird, wenn er nicht bei sich bleibt.

Blieben wir mit uns allein, wäre nichts gewonnen. Wir brauchen das geheimnisvolle Gegenüber. Erst im Ringen erkennt Jakob seine Nähe.

Der Widerstand ist gross. Doch Gott lässt Jakob gewinnen und gönnt ihm den Sieg über sich selbst. Jakob gewinnt in diesem Ringen. Er erringt nicht einfach einen Sieg, er bekommt den Segen.

Jakob entdeckt auf diese Weise das Gottesgeheimnis der Hingabe. Hingabe! – ist das nicht die Passion dessen, der uns gewinnen und wachsen lässt. Nicht nur Jakob, auch uns? Hier und jetzt möchten Sie und ich es doch auch erfahren. Als Gäste im Haus seines Segens, den er uns gibt.

Bach nennt in seiner Motette ausdrücklich den Namen dessen, der sich für uns hingibt. Die Geschichte vom errungenen und geschenkten Segen bleibt damit nicht nur Jakobs

Geschichte: «Ich lasse dich nicht, du segnest mich denn, mein Jesu.» «Mein Jesu!», was für ein Zusatz!

Damit lässt uns der Musik gewordene Text den Schluss der Jakobsgeschichte in neuem Licht erscheinen.

«Jakob ging die Sonne auf» (Gen 32,32) steht da. Doch nicht nur Jakob sieht sein Leben in neuem Licht. Das Licht von Ostern zeichnet auch uns die Segensspur im Leben neu vor. Allen Passionszeiten, die wir durchmachen zum Trotz, leuchtet uns der Sinn des Lebens neu auf.

Verlassen wir uns auf den, der uns segnet.

Amen.

Vesper im Berner Münster vom 9. März 2013.

---

1   Zur Aufführung gelangte die J. S. Bach zugeschriebene Motette: «Ich lasse dich nicht, Du segnest mich denn» BWV 157. Die Predigt nimmt darauf Bezug.

Line Dépraz, Präsidentin der Jury
für die französisch- und italienischsprachigen Predigten

Zu den prämierten französisch- und italienischsprachigen Predigten

Aus dem Französischen übersetzt von Monika Carruzzo

Haben Sie Predigt gesagt?

Stellen Sie sich einen Tänzer vor, der seine Tanzpartnerin im Kreis dreht und mit ihr einen strukturierten und zugleich leichtfüssigen Tanz vollführt. In einer geschlossenen Tanzhaltung legt er seine rechte Hand auf ihren Rücken. Er übernimmt die Führung, weiss aber, dass er sie nicht irgendwohin mitnehmen kann, denn die möglichen Tanzrichtungen bestimmt seine Partnerin. Grosszügig bietet sie immer mehrere Möglichkeiten an, von denen er eine auswählt. Daraufhin erstellt er eine Choreografie, die zwischen langsamen Bewegungen und schnellen Rhythmen sowie zwischen Pas de deux mit geringem oder mit grossem Abstand wechselt. Die auf diese Weise entstandene Inszenierung lässt das Publikum nicht gleichgültig, es reagiert entweder berührt oder betroffen, es fühlt sich bestätigt und manchmal auch schockiert. Aber das ist auch nicht so wichtig, solange das Publikum zum Mit- und Weitertanzen dieses besonderen Tanzes eingeladen wird.

So verstehe ich die Arbeit eines Predigers oder einer Predigerin, sowohl gegenüber dem biblischen Text, als auch gegenüber dem Publikum. Eine subtile und heikle Aufgabe, welche Genauigkeit und Ernst erfordert, aber auch Freiheit und Inspiration.

Seit der Reformation ist die Predigtkunst ein wichtiges Anliegen, aber im Lauf der Zeit haben sich ihre Bearbeitungs- und Bewertungskriterien verändert. Neuere homiletische Studien sind sich einig, dass neben der unerlässlichen hermeneutischen Bearbeitung auch dramaturgische Mittel berücksichtigt werden müssen. Für mich ist auch die Übertragung des biblischen Textes in das Hier und Jetzt sehr wichtig. Besonders bedeutend erscheint mir, dass die Erzählung die Zuhörer sowohl in ihrem Innersten, als auch in einer mehr gemeinschaftlichen, um nicht zu sagen sozialen Dimension anspricht. Selbstverständlich kann jeder und jede die biblischen Schriften für sich lesen und darüber meditieren, aber ich bin fest davon überzeugt, dass sich die göttliche Zuneigung, der Enthusiasmus innerhalb menschlicher Beziehungen entfaltet. Es ist eine anerkannte anthropologische und soziologische Tatsache, dass der Mensch nicht allein leben kann. In diesem Sinne halte ich eine Rede für gelungen, wenn sie sowohl den Einzelnen berührt, als auch Auswirkungen auf dessen Umfeld hat. Hervorzuheben ist auch, dass eine Predigt nicht einfach eine Schreib- und Vorleseübung ist. Sie verkündet das Wort. Das Wort Gottes, durch den Leben gegeben wird, das Wort des Schöpfers. Somit beruht die Wirkung einer Predigt auf ihrer Eigenschaft, selbst schöpferisch zu sein. Auf diese Weise kann sie bei den Zuhörern so verschiedene Eindrücke wie Beseeltheit, Erstaunen, Dezentrierung, Ratlosigkeit und Entzücken hervorrufen, Fragen auslösen oder Anregungen geben.

Im Rahmen des ersten «Schweizer Predigtpreises» wurden der Jury für die Romandie und die italienische Schweiz 62 Predigten zugesandt. Die Jury hat die Predigten, ohne die Autoren zu kennen, bewertet. Hierbei einigte sie sich auf eine Kriterienliste, die es ermöglichte, den ernsten Umgang mit dem biblischen Text, das Bemühen um Rekontextualisierung, die Relevanz und Kohärenz des theologischen Inhalts, die rhetorische Aussagekraft der Predigt, ihre existentielle Dimension für das Individuum, die Kirche und die Gesellschaft und das in seiner Botschaft spürbare Engagement der Prediger objektiv zu beurteilen. Drei Dinge lassen sich feststellen:

Die Prediger und Predigerinnen gehen hervorragend auf ihre Zuhörer und Zuhörerinnen ein. «Traditionelle» Gemeindemitglieder, Familien, junge Menschen, Behinderte, Häftlinge, Radiohörer – alle werden vom Prediger oder von der Predigerin angesprochen. Treffende Worte, ein besonderer Erzählton sowie ausgewählte Bilder, die zum Nachdenken anregen, lassen das Interesse der Prediger und Predigerinnen am Austausch mit der Gemeinde erkennen. Darin zeigt sich der starke Wunsch – um nicht zu sagen das Bedürfnis –, den Anderen von ihren Daseinsgrundlagen und ihrer geistigen Nahrung zu erzählen sowie einen Einblick zu geben in das, was sie berührt und was ihrem Leben Sinn gibt. Die Predigt von *François Lemrich*, der eine theatralische Interpretation des Bibeltextes vorausgeht, ist ein hervorragendes Beispiel für ein konkretes und gelungenes Einbeziehen der Zuhörer und Zuhörerinnen. Das gilt auch für den rhetorischen Stil von *Etienne Rochat-Amaudruz*, der in Form von kurzen Geschichten in einer Sprache predigt, die einerseits seine Zuhörer und Zuhörerinnen anspricht und andererseits subtil die Dynamik wiedergibt, die im «ego eimi» von Jesus selbst enthalten ist.

Die historisch-kritische Analyse hingegen scheint nicht mehr in Mode zu sein, anders als in den 90er Jahren, als ich Theologie studiert habe und diese besonders empfohlen wurde. Nur selten wird der «Sitz im Leben» der biblischen Texte erwähnt. Die Jury hat festgestellt, dass viele Prediger und Predigerinnen dazu tendieren, ihre Analyse oder ihr Verständnis der biblischen Gegebenheiten ohne eine historische oder kulturelle Einordnung ins Heute zu übertragen. Die Jury weiss es daher sehr zu schätzen, dass *Luc Badoux* in seiner Predigt ganz besonders zum Staunen eingeladen hat: Er nimmt eine Woche nach Ostern das Thema der Auferstehung wieder auf und lässt es als Reaktion auf verschiedene historische Ereignisse nachklingen. Ebenso ist es bei der interessanten Interpretation der

Genesis-Erzählung, der «Sündenfall-Erzählung», in der *Marco di Pasquale* die Sünde und das Erscheinen der Gnade Gottes in Parallele setzt.

Und schliesslich hat sich herausgestellt, dass die soziopolitische Bedeutung der biblischen Texte für die zeitgenössischen Zuhörer und Zuhörerinnen auf sehr interessante Weise transponiert wird. Die Preisträgerin der französischsprachigen Predigt, *Isabelle Ott-Baechler*, gibt uns hierzu ein hervorragendes Beispiel. Sie zieht eine schöne Parallele von den Jüngern zur Zeit Jesu bis hin zu den heutigen Politikern, ohne die gewöhnlichen Zuhörer und Zuhörerinnen zu vergessen. Neben anderen ist auch diese Predigt ein bemerkenswertes Zeugnis innerhalb einer Gesellschaft, die trotz vermehrter spiritueller Sinnsuche ihrer Bürgerinnen und Bürger immer säkularisierter wird. In diesem Zusammenhang haben das Christentum und die reformierte Welt eine klare Rolle zu spielen. Die Reformierten im 16. Jahrhundert hatten sich gegen eine Kirche entschieden, die der Welt gegenübersteht und eine ausserhalb von ihr stehende Position einnimmt. Sie waren entschlossen, an der Gesellschaft teilzunehmen und den Dialog mit allen Akteuren anzustreben. Die Reformierten haben sich den Infragestellungen – die sich unweigerlich aus der Auseinandersetzung mit dem Anderen ergeben – gestellt; wir sollten ihre treuen Erben sein. Die Teilnehmenden am Wettbewerb haben deutlich gemacht, dass die Redefreiheit, der gewagte Ton und ein echtes Eingehen auf die Zuhörenden sowohl die Rolle garantieren, die unsere Kirchen gemeinsam zu bewältigen haben, als auch die Herausforderung, der sie sich im Dienst an der Gemeinschaft zu stellen haben.

Bestimmt lassen sich die Leserinnen und Leser von der hohen Qualität dieser Predigtsammlung packen und beeindrucken. Der Reichtum und die Vielfalt evangelischer Predigten in der Schweiz werden sie begeistern. Gut möglich, dass sie dadurch neu auf den Geschmack eines starken und befreienden Wortes für das eigene Leben kommen.

Predigtpreis

Isabelle Ott-Baechler

Das Unkraut nicht ausreissen …

Predigt zu Mt 13,24–30

Aus dem Französischen übersetzt von Katharina Vollmer Mateus

Ein anderes Gleichnis legte er [Jesus] ihnen vor: Mit dem Himmelreich ist es wie mit einem, der guten Samen auf seinen Acker säte. Doch während die Leute schliefen, kam sein Feind, säte Unkraut unter den Weizen und machte sich davon. Als die Saat aufging und Frucht brachte, da kam auch das Unkraut zum Vorschein. Da kamen die Knechte zum Hausherrn und sagten: Herr, war es nicht guter Same, den du auf deinen Acker gesät hast? Woher kommt nun das Unkraut? Er antwortete ihnen: Das hat ein Feind getan! Da fragen ihn die Knechte: Sollen wir also hingehen und es ausreissen? Er sagt: Nein, damit ihr nicht, wenn ihr das Unkraut ausreisst, auch den Weizen mit herauszieht. Lasst beides miteinander wachsen bis zur Ernte. Und zur Zeit der Ernte werde ich den Schnittern sagen: Reisst zuerst das Unkraut aus und schnürt es zu Bündeln, um es zu verbrennen, den Weizen aber bringt ein in meine Scheune!

Man sagt, dass wir es heutzutage mit drei Religionen zu tun haben: mit der Religion des Herzens, bei der man sich wünscht, alle sollen glücklich sein; der Religion der Vernunft, bei der räsoniert wird, als ob der Mensch unfehlbar wäre; und mit der Religion des Bauchgefühls; und wenn das Bauchgefühl ins Spiel kommt, vergisst man die beiden anderen!

Ob man bei dieser Geschichte aus dem Matthäusevangelium nun auf sein Bauchgefühl hört, sie mit dem Herzen aufnimmt oder von der Vernunft her betrachtet, die Hobbygärtner unter uns werden diesem Gleichnis vom Unkraut ganz bestimmt widersprechen. Kaum werden die Tage länger, reissen wir mit Überzeugung das Unkraut aus, das unaufhörlich die Gartenbeete überwuchert. Ich glaube nicht, dass es viele von uns kümmert, dass man frisches Unkraut gleich ausreisst. Welcher Landwirt könnte die hier gegebene Anweisung in die Tat umsetzen? Es ist unvernünftig, das Unkraut mit dem guten Weizen zusammen wachsen zu lassen. Und doch ist dieses Gleichnis eine Einladung, genau dies zu tun. Es geht eindeutig darum, die Koexistenz von Gut und Böse in der Welt, im Kanton und auch in uns selbst auf Dauer zu akzeptieren. «[…] das Gute und das Üble, das beides unserem Leben wesenseigen innewohnt», schreibt Schriftsteller Michel de Montaigne.

Im Gegensatz zu Gewaltherrschaften jeder Art geht das politische System der Schweiz, die Demokratie, davon aus, dass das Böse nicht ein für alle Mal ausgemerzt werden kann, und dass es keine «globalen und endgültigen Lösungen für die Verschiedenartigkeit der Menschen»[1] gibt. Diese Behauptung stammt nicht von mir, sondern aus «Mémoire du mal, tentation du bien»[2], dem Meisterwerk von Tzvetan Todorov, einem bulgarischen Schriftsteller und dem gegenwärtigen Forschungsdirektor am CNRS in Paris. Jede Demokratie macht geltend, dass es das Gute und das Böse gibt. Sie ist also dazu verpflichtet, zu untersuchen, zu verstehen und zu überzeugen. Es geht sogar darum, die «in jeder menschlichen Gruppierung unvermeidlichen Antagonismen in komplementäre Eigenschaften»[3] umzuwandeln.

Die Erzählung des Matthäusevangeliums fordert die Eiferer, die Reinheitsfanatiker jeder Couleur auf, aufzugeben. Die definitive Scheidung von Gut und Böse steht uns nicht zu. Sie wird zur Zeit der Ernte stattfinden, am Ende der Zeiten, und sie wird das Werk Gottes sein. Der Text richtete sich in seiner Entstehungszeit gegen das, was man für gewöhnlich «messianische Ungeduld» nennt. Zur Zeit Jesu wurde diese Denkrichtung von den Pharisäern repräsentiert. Sie lebten in Erwartung zweier unmittelbar bevorstehender Läuterungsmöglichkeiten: jener der Welt mittels Bekehrung oder Vernichtung der Ungläubigen und derjenigen mittels Rechtssprechung Israels durch ein gerechtes Urteil. Nichts Neues unter der Sonne!

Dieser Versuchung, eine fehlerlose Gesellschaft oder eine fehlerlose Kirche zu schaffen, erliegen viele und sie findet unterschiedliche Ausdrucksformen. Mit Bezug auf die gefürchtete «braune Pest», die vor nun mehr als sechzig Jahren Europa überrollte, meinte André Philip, Minister unter De Gaulle: «All jene, die das Reich Gottes auf Erden errichten wollten, haben auf ihr nur die Hölle geschaffen!» Religionen und Herrschaften, die sich als reinigende Kräfte verstehen, bringen jenen Manichäismus wieder ans Licht, der davon ausgeht, dass die Welt auf zwei Grundsätzen beruht: dem Guten und dem Bösen – und dass Letzteres um jeden Preis vernichtet werden muss.

Für die Manichäer gibt es nur das «Wir» derer, die auf dem rechten Weg sind, und das «Sie», der Anderen, die es nicht sind. Es ist eine ausgezeichnete, sich immer wieder neu bewährende Technik, seine Feinde mit einem Etikett zu versehen und sie zu kategorisieren. Sie wissen schon: die Juden, die Palästinenser, die Amerikaner, die Ausländer oder die Muslime … Auf der einen Seite «wir», auf der anderen Seite «sie». Ich lade Sie ein, es lieber mit dem «Ich» und dem «Du» des Dialogs zu versuchen.

Warum habe ich für heute das Gleichnis vom Unkraut und vom guten Weizen gewählt, wo Sie sich doch einfach über Ihre Wahl in den Kantonsrat freuen? Als politische Autorität stehen Sie vor einem zweifachen Problem: einerseits, im Kanton Neuenburg das Paradies errichten zu wollen (und das ist es ja beinahe!), und andererseits, den Mut zu verlieren, angesichts der immensen Probleme und der Menge an Unkraut, die unaufhörlich die Welt überwuchern!

Wir leben nicht allein vom Komfort, von Annehmlichkeit und Freizeitgestaltung, das kennen Sie ja auch:«Für die Menschen […] ist es auch ein Bedürfnis, dass die materiellen Güter, so wichtig sie auch sein mögen, nicht alles für sie sind. Sie wollen, dass ihr Leben einen Sinn hat, dass ihre Existenz in der Ordnung des Universums einen Platz findet und dass sich zwischen ihnen und dem Absoluten ein Kontakt herstellt.»[4]

Politische und religiöse Fundamentalisten behaupten, diese Bedürfnisse zu befriedigen. Und deshalb seien sie von den Betroffenen frei gewählt worden.

Es ist gefährlich, dieses Bedürfnis nach Transzendenz zu ignorieren. Im Gegenteil, man muss diesem Bedürfnis einen Rahmen geben, damit es nicht nach und nach alle Bereiche der Gesellschaft durchdringt und die Glaubwürdigkeit der Debatten durch irrationale oder gar manipulierte Reaktionen kompromittiert. Der Totalitarismus der schlimmsten Sorte ist immer noch der, der im Namen des Guten und im Namen Gottes herrscht!

Wie kommt es, dass, die Welt auch mit Christentum nach Jahrhunderten nicht besser geworden ist? Diese Frage ist Ihnen vermutlich zumindest flüchtig in den Sinn gekommen. Die Antwort ist für diejenigen unter uns, die nach klaren Erklärungen suchen, vielleicht enttäuschend. Ein Feind – so sagt der Bibeltext – hat das Unkraut gesät, während die Leute schliefen. Mehr nicht. Auf die quälende Frage des Bösen in all seinen Erscheinungsformen wird es keine weiteren Erklärungen geben. Nur die Einladung anzuerkennen, dass der Welt, uns selbst und allen Personen, denen wir begegnen, ein Geheimnis innewohnt, nämlich, dass der gute Same wächst – und mit ihm das Unkraut. Das Geheimnis ist, dass Gut und Böse eng miteinander verbunden sind, und dass man mit dem Ausreissen des einen, das andere ein für alle Mal verurteilt.

Christen orientieren sich am Leben von Jesus Christus. Nach seinem triumphalen Einzug am Palmsonntag in Jerusalem, wird er einige Tage später verstossen, verurteilt und gekreuzigt: Mein Leben, so wird er sagen, «niemand nimmt es mir, sondern ich setze es von mir aus ein!» (Joh 10,18) Gott wird diesen Gekreuzigten am Ostermorgen auferwecken. Das Leben entsteht mitten im Tod, und in Situationen, die uns unwiederbringlich verloren scheinen, wächst die Hoffnung. Die gute Nachricht ist nicht die der Beseitigung des Bösen auf dieser Erde, sondern dass der gute Same wächst. Es ist wichtig, dem guten Weizen eine Chance zu geben. Ständig und unermüdlich!

Es braucht Mut denen gegenüberzutreten, die vorgeben, «die» Lösung gefunden zu haben, indem sie sich auf eine Art Szientismus stützen, der behauptet, man könne alle Dinge dieser Welt erklären und erkennen; gegenüber denen, die die Wahrheit gepachtet haben; gegenüber denen, die genau wissen, wohin der Weg führt und was zu tun ist, die sich vor allem nicht lange mit Diskussionen aufhalten wollen und für die Toleranz und Verständigung nicht wichtig sind! Und es braucht Geduld! Jene Geduld, die unnachgiebig an das Beste im Menschen appelliert und zugleich seine Schattenseiten akzeptiert, jene Geduld, die dem Pluralismus traut, die unermüdlich neu aufbaut und die akzeptiert, was man nicht ändern kann. Hierfür ist jeder gute Wille erforderlich.

Sie werden für unseren Kanton Entscheidungen treffen müssen. Gebrauchen Sie dazu Ihre Vernunft, aber auch Ihr Herz. Vernachlässigen Sie Ihre Gefühle nicht, und vor allem, denken Sie an das Gleichnis vom Unkraut und dem guten Weizen: Machen Sie nichts zur Religion. Erheben Sie nichts zu einem Absoluten, ausser Gott, der diese Welt gewollt hat und der sie liebt!

Amen!

Einsetzung der Kantonsbehörden zu Beginn der Legislaturperiode am 21. Mai 2001 in der Kollegiatkirche Neuenburg.

---

1   Tzvetan Todorov, Mémoire du mal, tentation du bien, Paris 2000, S. 36.

2   Verschiedene Anregungen für diese Predigt stammen aus diesem Buch.

3   A. a. O., S. 48.

4   A. a. O., S. 41.

Luc Badoux

Staunen angesichts der Auferstehung

Predigt zu Lukas 24,36–48

Aus dem Französischen übersetzt von Katharina Vollmer Mateus

Während sie [die Jünger] noch darüber redeten, trat er [Jesus] selbst in ihre Mitte, und er sagt zu ihnen: Friede sei mit euch! Da gerieten sie in Angst und Schrecken und meinten, einen Geist zu sehen. Und er sagte zu ihnen: Was seid ihr so verstört, und warum steigen solche Gedanken in euch auf? Seht meine Hände und Füsse: Ich selbst bin es. Fasst mich an und seht! Ein Geist hat kein Fleisch und keine Knochen, wie ihr es an mir seht. Und während er das sagte, zeigte er ihnen seine Hände und Füsse. Da sie aber vor lauter Freude noch immer ungläubig waren und staunten, sagte er zu ihnen: Habt ihr etwas zu essen hier? Da gaben sie ihm ein Stück gebratenen Fisch; und er nahm es und ass es vor ihren Augen. Dann sagte er zu ihnen: Das sind meine Worte, die ich zu euch gesagt habe, als ich noch mit euch zusammen war: Alles muss erfüllt werden, was im Gesetz des Mose und bei den Propheten und in den Psalmen über mich geschrieben steht. Dann öffnete er ihren Sinn für das Verständnis der Schriften und sagte zu ihnen: So steht es geschrieben:

Der Gesalbte wird leiden und am dritten Tag von den Toten auferstehen, und in seinem Namen wird allen Völkern Umkehr verkündigt werden zur Vergebung der Sünden – in Jerusalem fängt es an –, und ihr seid Zeugen dafür.

In meiner Jugend habe ich einen Spruch gelernt, der mich bis heute begleitet. Meine Mutter hatte die gute Idee, diesen Spruch an eine Tür zu kleben, und zwar an die Tür, die ich am häufigsten öffnete: an die Kühlschranktür! Es war ein Zitat von Saint-Exupéry: «Alles ist schwer, wenn der Geschmack an Gott verlorengeht.»[1] Ja, dieser Satz ist mir in Erinnerung geblieben. Allen Eltern, die ihrem jugendlichen Nachwuchs etwas mitgeben wollen, kann ich nur empfehlen: Versucht es mit der Kühlschranktüre!

Wegen dem vielen Kühlschrank-Öffnen bin ich also Pfarrer geworden, überzeugt davon, dass der Geschmack an Gott etwas Wertvolles ist. Wie kommt man auf den Geschmack an Gott? Wie können wir uns diesen Geschmack bewahren? Wie können wir ihn uns bewahren, wenn wir leiden oder wenn im Gegenteil, Komfort und Bequemlichkeit uns die Sinne benebeln? Die Antwort muss jeder für sich selbst finden. Am heutigen Sonntag nach Ostern schlage ich Ihnen vor, dies im Licht des Textes aus dem Lukasevangelium zu tun, den wir gerade gehört haben.

Jesus zeigt sich vor seinen versammelten Jüngern. Zwei Tage zuvor haben sie ihn sterben sehen. Er sagt zu ihnen: «Friede sei mit euch!» (Lk 24,36) Doch seine Gegenwart bewirkt das genaue Gegenteil. Sie finden keinen Frieden, sondern verfallen in Panik; sie werden von Furcht und Schrecken erfasst, erzählt uns das Lukasevangelium. Von wegen Frieden! Da war wohl etwas schiefgelaufen. Es sei denn, damit hätte ein ganz neuer Weg begonnen.

Und anscheinend ist es häufig der Fall, dass am Anfang des Glaubens an Gott oder zu Beginn einer Vertiefung dieses Glaubens eine Situation steht, in der wir Angst haben: Wir erleben einen schwierigen Übergang, eine Leere.

Situationen der Leere oder der Heimsuchung machen uns empfänglich für Gott. Sie geben ihm die Chance, zu offenbaren, wer er ist. Sie geben Christus die Chance, uns Frieden und Trost zu bringen oder uns eine neue Sicht auf unser Leben zu eröffnen. Genau das erleben die Jünger, als sie von Schrecken und Zweifeln erfasst werden.

Damit die Jünger jedoch vom Frieden erfüllt werden, müssen sie sich auf diese Verwandlung einlassen. Deshalb spricht Jesus zu ihnen: «Seht meine Hände und Füsse: Ich selbst bin es. Fasst mich an [...]» (Lk 24,39). Verharrt nicht in Angst und Zweifeln, sondern kommt näher, spürt die Wirklichkeit dessen, was ich euch sage. Bleibt nicht auf Abstand, in der Ungewissheit, ob ich nicht etwa ein Geist sei. Für Jesus ist es notwendig, dass wir seine Auferstehung ernstnehmen und wenn nötig nachprüfen, ob wir an sie glauben können.

Jesus bietet seinen Jüngern sogar an, vor ihnen etwas zu essen. Sie geben ihm ein Stück gebratenen Fisch. Er isst es. Und genau in diesem Moment verwandelt sich der Schrecken der Jünger in Freude und überraschtes Staunen. Sie sind zwar noch nicht zum Glauben gekommen, aber aus der Angst wurde schon Freude und aus dem Zweifel überraschtes Staunen.

Dies ist ein entscheidender Moment. Denn die Momente, in denen man über das, was Gott getan hat, staunen kann, sind besondere Momente. Ich hoffe, dass Sie solche Momente schon erlebt haben oder noch erleben werden.

Dabei fällt mir eine jener wunderbaren jüdischen Geschichten ein. Sie erzählt, dass damals, als Gott die Welt erschuf, sich ihm vier Engel nahten.

Der erste fragte: «Wie machst du das?»

Der zweite meinte: «Warum tust du das?»

Der dritte fragte: «Wozu ist das gut?»

Der erste war ein Wissenschaftler, der zweite ein Philosoph, der dritte ein Immobilienhändler. Der vierte Engel beobachtete das Geschehen der Erschaffung der Welt mit Verwunderung und Staunen und begann zu applaudieren.

Angesichts der Auferstehung Jesu verhalten wir uns oft wie die drei ersten Engel. Die verschiedenen Fragen schwirren in unserem Kopf durcheinander. Viele von uns sind wie der Wissenschaftler: um an den Auferstandenen zu glauben, würden wir gerne wissen, wie Gott das gemacht hat. Wir wünschen uns einen Beweis, dass dies tatsächlich möglich ist. Andere haben mehr vom Philosophen: Warum sollte Gott dies getan haben? Ist das denn vernünftig? Und dann gibt es den Immobilienhändler: Wozu ist das gut? Wo soll man denn all die Auferstandenen unterbringen?

Ich möchte mit Ihnen heute Morgen über eine Bitte nachdenken, die uns alle angeht – alle, die in ihrem Inneren Gott schmecken wollen. Meine Bitte ist, dass in uns etwas von dem vierten Engel wachsen möge, von jenem Engel, der sich zuallererst einmal wundert, und der angesichts der Auferstehung in entzücktes Staunen gerät und dann applaudiert. Ich bitte darum, dass heute eine Gelegenheit sein möge, angesichts des Auferstandenen ins Staunen zu kommen.

Die meisten von uns sind in einem christlichen Umfeld aufgewachsen. Von Kindheit an haben wir gehört, dass Jesus nach seinem Tod auferstanden ist. Und nun laufen wir Gefahr, die Verkündigung der Auferstehung nicht zu glauben, aber eben auch, nicht mehr verwundert darüber zu staunen. Was für eine trostlose Situation, wenn die Auferstehung in uns weder Erstaunen noch Beifall weckt! Dann ist nämlich zu befürchten, dass das Evangelium in uns weder Hoffnung weckt, noch uns einen veränderten Blick auf das Leben schenkt.

Die Jünger waren zunächst erschrocken und ungläubig – sie waren Wissenschaftler, Philosophen und Immobilienhändler – und haben sich dann von der Freude und dem Staunen mitreissen lassen. Zuerst war das Staunen und dann erst ganz allmählich kamen sie zum Glauben.

Aber Achtung: Sich-Wundern, Staunen ist nicht alles. Um seine Jünger zum Glauben zu führen und sie dazu zu bringen, der Welt seine Auferstehung zu verkündigen, ging Jesus noch

einen Schritt weiter. Er erinnert sie an all das, was er ihnen verkündigt hat. Lukas sagt: er öffnet ihren Sinn. Dies wird uns als
ein recht komplexer Vorgang geschildert. Dazu muss man sich
nämlich in die Schrift vertiefen. Jesus erinnert daran, dass die
Bücher der Propheten und die Psalmen ankündigen, was ihm
geschehen ist. Er stellt seine Passion und seine Auferstehung
als Erfüllung des Werkes Gottes dar: eine Frucht, die nach und
nach herangereift ist. Die Auferstehung ist also kein isoliert
dastehendes Ereignis, sondern die Erfüllung des göttlichen
Handelns. Seit jeher war es sein Wille, dass das Leben über den
Tod und das Gute über das Böse siegt. Indem die Jünger sich
in die biblischen Texte versenken, machen sie den Schritt vom
Staunen hin zu einem strukturierten und festen Glauben. Denn
ein fester Glaube war nötig, um sich von Jesus als Zeuge seiner
Auferstehung aussenden zu lassen. Jene, die sich versteckt hatten und die es angesichts des Auferstandenen mit der Angst zu
tun bekamen, sie werden vor die Völker treten, um von seiner
Auferstehung Zeugnis abzulegen.

Vor drei Wochen war ich mit einigen Pfarrkollegen in
Delhi, in Indien. Dort sind wir auch dem Bischof der Mar-Tho-
ma-Kirche begegnet. Er führt die Anfänge seiner Gemeinschaft
ins Jahr 52 n. Chr. und auf das Zeugnis des Apostels Thomas
zurück. Thomas, war jener der Zwölf, der nicht an die Auferstehung Jesu glauben wollte, solange er nicht das Mal der Nägel
an seinen Händen gesehen hatte. Nach dieser Begegnung mit
Jesus war Thomas anscheinend so verwundert und so tief grei-
fend verändert, dass er bis nach Indien reiste, um zu verkünden, dass in Jesus das Leben stärker ist als der Tod. Seit bald
2000 Jahren, Generation für Generation, kommen seither Menschen in Indien ins Staunen und jubeln dem Auferstandenen
zu. Und dann legen sie davon Zeugnis ab.

Und noch etwas anderes habe ich kürzlich entdeckt: das
Leben Georg Friedrich Händels, des Komponisten klassischer
Musik. Händel war, höflich gesagt, von etwas direkter Art.
Genau genommen war er ziemlich unerträglich und reagierte

jähzornig, wenn ein Sänger seine Anweisungen nicht befolgte. Er ass und trank viel zu viel. Gewiss hatte er gute Eigenschaften, aber in London, wo er die zweite Hälfte seines Lebens verbrachte, nannte man ihn «the great bear», den grossen Bären. Ich glaube nicht, dass es sich dabei um ein Kompliment handelte.

Im Sommer 1741 ist Händel deprimiert, er fühlt sich am Ende. Er hat sich von einem Schlaganfall erholt, der ihn vier Jahre zuvor ereilt hatte. Komponieren will ihm aber nicht mehr gelingen. Er hat seine Schaffenskraft verloren. Eines Abends kommt er von einem Spaziergang zurück und entdeckt ein Libretto, das ein Dichter ihm überlassen hat, verbunden mit dem Vorschlag, daraus ein Oratorium zu machen. Ein Oratorium ist eine Geschichte aus der Bibel, die von einem Chor erzählt wird; eine Oper ohne Kostüme und ohne Bühnenbild. Das erwähnte Libretto zitiert den Propheten Jesaja, der die Geburt, das Leiden und dann das Auferstehen des Messias ankündigt. Die Lektüre dieser Texte hat auf Händel eine starke Wirkung. Seine Niedergeschlagenheit macht der Verwunderung und dann dem entzückten Staunen Platz. Er begreift, dass das, was Jesaja 700 Jahre zuvor ankündigt, dem entspricht, was Gott in Jesus vollbracht hat. Diese Begeisterung hält gut drei Wochen an. Händel isst fast nichts und schläft kaum. Er komponiert. Seit vier Jahren hat er nichts mehr geschaffen und nun, getragen von den Worten von Jesaja, komponiert er innerhalb von 25 Tagen den «Messias» und seine weltweit berühmt gewordenen Melodien: «For unto us a child is born» («Uns ist zum Heil ein Kind geboren»), oder «He shall feed his flock» («Er weidet seine Herde»). Der Hörer wird so durch das Leben Jesu bis hin zur Passion und dann zum Jubel des berühmten «Halleluja» geführt. Die staunende Verwunderung erreicht ihren Höhepunkt: «He shall reign for ever and ever. King of kings and Lord of lords» («Er wird regieren auf immer und ewig, König der Könige, Herr der Herren»). Dieses «Halleluja» ist Händels Art und Weise, die Auferstehung mit jubelndem Beifall zu begrüssen. Von diesem schallenden «Halleluja» lässt Händel uns dann mit einer sehr sanften Melodie, die das Glaubensbekenntnis zum Ausdruck bringt, herabsteigen: «Ich weiss, dass mein Erlöser lebt.» Bei der Lektüre der biblischen Texte war Händel zunächst verwundert und überrascht. Dann wurde er mitgerissen von der Botschaft des Evangeliums und der Auferstehung. Er hat auf seine Art jubelnd zugestimmt, indem er diese Musik komponiert hat. Er ist zum Glauben gekommen und hat sich zum Zeugen des auferstandenen Christus gemacht.

Bei der Erstaufführung des «Messias» in London hat sich König George II., ferner Vorfahre eines kleinen George, Sohn von William und Kate, während des «Halleluja» von seinem Sitz erhoben. Niemand wusste, warum er dies tat, aber alle sind seinem Beispiel gefolgt. Die Tradition will es bis heute, dass sich das Publikum bei diesem «Halleluja» erhebt. Ich sehe darin eine Art und Weise, das in der Auferstehung getane Werk Gottes zu ehren und mit Jubel zu begrüssen.

Schon zu Lebzeiten ist Händel für dieses Werk weltberühmt geworden. Er meinte dazu: «Gott hat mich heimgesucht.» Und es schien ihm selbstverständlich, dass die beträchtlichen Einnahmen seines Werkes den Gefangenen, den Waisen und den Kranken zugutekamen. In Bezug auf sein Erlebnis sagte er: «Auch ich war schwer krank, und jetzt bin ich geheilt. Ich war gefangen und ich wurde erlöst.» Gott hat ihn heimgesucht. So wie Jesus Thomas heimgesucht hatte, der vom Staunen überwältigt ausrief: «Mein Herr und mein Gott» (Joh 20,28). Und so wie er auch uns besuchen will, die wir vermutlich nicht ungläubiger sind als Thomas und keinen schlimmeren Charakter haben als Händel.

«Engagiert euch!», sagten die Römer den potentiellen Rekruten. «Empört euch!», sagt der Philosoph Stéphane Hessel mit Blick auf die Welt. Und ich sage euch im Namen des Evangeliums: Lasst euch auf das Staunen ein! Das Unglaubliche ist geschehen; egal, ob ihr euch mit dem Glauben leicht oder schwer tut, lasst euch auf das Staunen ein! Damit beginnt der

Weg des Glaubens, der Weg des Lobens und des Hoffens. Häufig geschieht es, wenn man angesichts der Schönheit der Schöpfung ins Staunen gerät, dass man auf den Geschmack an Gott kommt. Händel ist wieder auf den Geschmack an Gott gekommen, als er angesichts der Auferstehung Jesu und des Gottes, der wieder aufrichtet, ins Staunen geriet. Ausgehend von seiner staunenden Verwunderung ist das Bedürfnis entstanden, vom Auferstandenen Zeugnis abzulegen und zu bekräftigen, dass das Leben stärker ist als der Tod. Und so ist in ihm das Bedürfnis entstanden, die Auferstehung zu bejubeln.

Und nun ist es an uns, angesichts der Auferstehung ins Staunen zu kommen und den Auferstandenen mit Jubel zu begrüssen.

Amen.

Diese Predigt wurde am 1. Mai 2011 in La Vallée de Joux gehalten.

---

1   Antoine de Saint-Exupéry, Die Stadt in der Wüste (Citadelle), Frankfurt/Berlin 1988, S. 178: «Erscheine mir, Herr, denn alles ist schwer, wenn der Geschmack an Gott verlorengeht!»

Marco Di Pasquale

Felix culpa – Das Evangelium der Schlange

Predigt zu Genesis 2,15–17 und 3,1–13

Aus dem Italienischen übersetzt von Matthias Rüsch

Und der HERR, Gott, nahm den Menschen und setzte ihn in den Garten Eden, damit er ihn bebaute und bewahrte. Und der HERR, Gott, gebot dem Menschen und sprach: Von allen Bäumen des Gartens darfst du essen. Vom Baum der Erkenntnis von Gut und Böse aber, von dem darfst du nicht essen, denn sobald du davon isst, musst du sterben. [...]

Die Schlange aber war listiger als alle Tiere des Feldes, die der HERR, Gott, gemacht hatte, und sie sprach zur Frau: Hat Gott wirklich gesagt: Ihr dürft von keinem Baum des Gartens essen? Und die Frau sprach zur Schlange: Von den Früchten der Bäume im Garten dürfen wir essen. Nur von den Früchten des Baumes in der Mitte des Gartens hat Gott gesagt: Ihr dürft nicht davon essen, und ihr dürft sie nicht anrühren, damit ihr nicht sterbt. Da sprach die Schlange zur Frau: Mitnichten werdet ihr sterben. Sondern Gott weiss, dass euch die Augen aufgehen werden und dass ihr wie Gott sein und Gut und Böse erkennen werdet, sobald ihr davon esst. Da sah die Frau, dass es gut wäre, von dem Baum zu essen, und dass er eine Lust für die Augen war und dass der Baum begehrenswert war, weil er wissend machte, und sie nahm von seiner Frucht und ass. Und sie gab auch ihrem Mann, der mit ihr war, und er ass. Da gingen den beiden die Augen auf, und sie erkannten, dass sie nackt waren. Und sie flochten Feigenblätter und machten sich Schurze. Und sie hörten die Schritte des HERRN, Gottes, wie er beim Abendwind im Garten wandelte. Da versteckten sich der Mensch und seine Frau vor dem HERRN, Gott, unter den Bäumen des Gartens. Aber der HERR, Gott, rief den Menschen und sprach zu ihm: Wo bist du? Da sprach er: Ich habe deine Schritte im Garten gehört. Da fürchtete ich mich, weil ich nackt bin, und verbarg mich. Und er sprach: Wer hat dir gesagt, dass du nackt bist? Hast du von dem Baum gegessen, von dem zu essen ich dir verboten habe? Und der Mensch sprach: Die Frau, die du mir zugesellt hast, sie hat mir von dem Baum gegeben. Da habe ich gegessen. Da sprach der HERR, Gott, zur Frau: Was hast du da getan! Und die Frau sprach: Die Schlange hat mich getäuscht. Da habe ich gegessen.

Man muss zugeben, dass die Schlange in ihrer kleinen Ansprache an die Frau etwas richtig vorhergesehen hat: Das Einzige, was Gott als gewiss erklärt, ist nicht eingetreten, nämlich dass der Mensch sterben muss, falls er von den Früchten des verbotenen Baumes isst. Es ist jedoch das geschehen, was die Schlange vorhergesagt hatte: dem Mann und der Frau sind die Augen aufgegangen. Ja klar, Adam und Eva sind schliesslich doch noch gestorben, aber erst, als sie Kinder gezeugt hatten, Kain, Abel und Set. Also erst nachdem sie für eine Nachkommenschaft, ja, mehrere Nachkommenschaften gesorgt hatten. Von Adam wird gesagt, er sei gestorben, nachdem er viele Söhne und Töchter gezeugt hatte; er sei in einem äusserst hohen Alter von 930 Jahren gestorben. Also das scheint mir keine so schreckliche Strafe fürs Essen der verbotenen Frucht zu sein …! Zumal Gott ja gesagt hatte: «*sobald* du davon isst, musst du sterben» (Gen 2,17).

Es ist eine eigenartige Erzählung, die Geschichte vom Sündenfall des ersten Menschenpaares. Von welcher Seite man sie auch betrachtet, man kann nicht alles klären. Es scheint, sie sei mehr dazu da, Fragen aufzuwerfen als Antworten zu geben. Und das ist auch mehr oder weniger das, worauf ich mich beschränken möchte. Wieso zeigen sich die Konsequenzen der Überschreitung nicht so deutlich, wie Gott es angekündigt hatte? Worin besteht die Raffinesse der Schlange, in Anbetracht dessen, dass sie genau vorhersagt, wie sich die Dinge dann entwickeln werden? Hat die Schlange wirklich nur die Sünde provoziert oder hat sie nicht gleichzeitig, in paradoxer Art und Weise, die Gnade Gottes verkündet?

Das sind nur einige der Fragen, die sich einem bei der Lektüre des Textes stellen können – Fragen, die es sich lohnt präsent zu haben, jedes Mal, wenn wir den Text wieder neu lesen. Ausgehend vom Satz «Da gingen den beiden die Augen auf» (Gen 3,7) möchte ich versuchen, auch einige andere Aspekte dieser berühmten Erzählung hervorzuheben. Was bedeutet dieser Satz? Müssen wir vielleicht annehmen, dass der Mann und die Frau vor dem Fall blind gewesen sind? Aber was wäre dann das für ein Segen, wenn sie blind gewesen wären? Vor dem Sündenfall wären sie blind gewesen und nach dem Sündenfall – als Konsequenz der Sünde – hätten sie begonnen zu sehen? Aber waren wir nicht immer vom Gegenteil überzeugt? War es nicht die Sünde, die den Menschen blind werden liess?

Es gibt ein Wort, das in der Bibel nach dem Sündenfall zum ersten Mal auftaucht. Vielleicht hilft es uns, ein wenig besser zu verstehen, was es heisst, wenn einem «die Augen aufgehen». Es handelt sich um das Wort «fürchten». Der Mensch antwortet Gott, der ihn ruft: «Ich habe deine Schritte im Garten gehört. Da fürchtete ich mich …» (Gen 3,10) Vor dem Sündenfall finden wir keine Spur von Furcht. Und es ist auch zu bemerken, dass dieses das erste Mal ist, die erste Gelegenheit, bei der der Mensch Gott eine Antwort gibt. Vor dem Sündenfall hat der Mensch nicht mit Gott gesprochen. Jetzt jedoch wird er aufgefordert, Gott zu antworten. Er ist «verantwortlich» geworden. Vorher hat er Gott nicht gefürchtet. Jetzt fürchtet er Gott und ist ihm gegenüber verantwortlich. Er ist aufgefordert, ihm zu antworten. Er ist zum Gesprächspartner Gottes geworden.

Ein schöner Schritt vorwärts im Vergleich zu vorher, könnten wir sagen! Vor allem, wenn man bedenkt, dass als Grundprinzip der hebräischen Lebensauffassung gilt: «Die Furcht des Herrn ist der Anfang der Erkenntnis.» (Spr 1,7a) Man ist fast versucht zu sagen: «Gott sei Dank, dass es den Sündenfall gegeben hat!» Nun, ich werde das nicht sagen. Es ist möglich, dass die Augen des Menschen aufgegangen wären, auch wenn er entschieden hätte, nicht zu sündigen. Jedenfalls – wenigstens gemäss dieser Erzählung – bedeutet, wenn einem «die Augen aufgehen», dass man Gott fürchtet und ihm gegenüber verantwortlich wird. Gewiss, die Lebensbedingungen nach dem Sündenfall sind geprägt von Mühe und Leid, von Beherrschen und Unterwerfen, ja, sogar von Gewalt und Tod (mit Kain und Abel). Jedoch weiss ich nicht, inwiefern es unsererseits gesund ist, dem vergangenen Zustand nachzutrauern, als der Mensch vor allem ein ahnungsloses, unverantwortliches und sich allmächtig dünkendes Kind in den Händen Gottes war. (Erinnern wir uns doch, dass Gott alle Tiere vor dem Menschen vorbeiziehen liess, damit dieser jedem Tier einen Namen gebe. Etwa so, wie wenn die Eltern es ihrem Kind überlassen, seinen Puppen Namen zu geben, um ihm den Eindruck zu geben, sich gross zu fühlen.)

Im Grunde genommen beschreibt die Geschichte ziemlich genau die Wachstumsphasen eines Kindes: Zuerst glaubt das Kind, Gott zu sein, einfach weil es mit den Eltern verschmolzen lebt; es reicht ein Schreien und es bekommt, was es will. Aber die «Allmacht», die es geniesst, ist nur diejenige, die es von seinen Eltern erhalten hat, nicht die seine.

Das Kind möchte, dass seine Eltern die Augen aufreissen und erkennen, dass *es* gross ist und dass *es* allmächtig ist. Und um dies zu erreichen, macht es Lausbubenstreiche, macht es etwas, von dem ihm gesagt worden war, es nicht zu machen. Und plötzlich ändert sich alles. Es realisiert, dass die Allmacht, die es genoss, nicht die eigene ist, dass es nicht in der Lage ist, die Konsequenzen von dem zu tragen, was es sich in den Kopf gesetzt hat. Und plötzlich wünscht es sich, dass die Eltern die Augen schliessen und es nicht als das sehen, was es ist, und ihm nicht das vorwerfen, was es sich eingebildet hat zu sein.

«Da gingen den beiden die Augen auf, und sie erkannten, dass sie nackt waren. […] Und sie hörten die Schritte des HERRN […] Da versteckten sich der Mensch und seine Frau […] unter den Bäumen des Gartens.» (Gen 3,7–8)

Und dann schieben sie sich gegenseitig die Verantwortung in die Schuhe, der Mann der Frau, die Frau der Schlange. Wenn das nicht die Geschichte zweier Kinder ist, die einen Lausbubenstreich verübt haben!

Und dennoch … dennoch wächst man nur, wenn man solche Erfahrungen macht und seine eigenen Grenzen kennenlernt. Kurz und gut: nur so wird man gross. Und, seien wir ehrlich, wir müssen doch zugeben, dass wir ein Leben lang nie aufhören zu wachsen, denn ähnliche Erfahrungen machen wir bis ins Alter. Wichtig ist, dass wir nicht immer auf dieselbe Art und Weise reinfallen.

Es ist eigenartig, aber als dem ersten Paar die Augen aufgehen, ist das Einzige, woran sie denken, sich zu verstecken. Als wollten sie sagen: Jetzt, wo ich gesehen habe, wie ich bin, will ich nicht mehr sehen, wie ich bin (in der Tat bedecken sie ihre Blösse) – und ich will nicht, dass Gott mich so sieht. Ich will nicht, dass Gott die Augen auf mich richtet (und tatsächlich verstecken sie sich unter den Bäumen). Die Augen öffnen und sich selbst erkennen, scheint keine angenehme Erfahrung zu sein. Im Text ist von Nacktheit die Rede, aber es ist offensichtlich, dass etwas viel Tieferes gemeint ist. Der Mensch öffnet die Augen und sieht sich selbst, sieht sich, wie er ist: nackt, begrenzt, zerbrechlich. Er entdeckt, dass ohne Gottes Gegenwart all seine Allmacht gebrochen ist: Ohne Gott muss er aus eigenen Kräften leben. Ja, er hat wohl Kenntnis erworben, Selbsterkenntnis. Das macht ihn aber nicht zu einem Gott, sondern eben zu einem Menschen!

Wir könnten fast sagen, der Mensch wird als Gott geboren und wird dann Mensch. Das heisst, er kommt auf die Welt, meint gross und allmächtig zu sein, und lernt – mit schmerzhaften Erfahrungen – sich als klein und schwach zu erkennen. Gewiss, er lernt auch, aus seiner Schwäche eine Stärke zu machen: Der Mensch lernt vorwärtszukommen, und seine Fortschritte sind nicht nichts. Aber er kann erst vorwärtskommen, wenn er sich als klein und schwach erkannt hat.

Nun, diese Entwicklung des Menschen von der Gottheit zur Menschheit ist ähnlich jener Unternehmung Gottes in Jesus Christus. In Jesus erniedrigt sich die göttliche Allmacht bis zur Schwachheit und Verletzlichkeit. Gott erniedrigt sich bis zu dem Punkt, da er Mensch wird. Seine Göttlichkeit erniedrigt sich bis zum Tod; zum schmerzhaften, demütigenden Tod am Kreuz. In Jesus Christus geschieht das jedoch alles, um dem Willen Gottes zu *gehorchen*, nicht um ihn zu missachten. Und die Geschichte von Jesu Versuchung in der Wüste durch den Teufel, von dem uns das Matthäusevangelium (Mt 4,1–11) berichtet, zeigt uns gut die grundlegende Differenz zwischen dem ersten Menschenpaar und Jesus auf. Die Fortsetzung der Geschichte Jesu sagt uns aber auch, dass der Versucher mit jener Episode nicht verschwindet, sondern Christus seine ganze irdische Mission hindurch begleitet.

Hätte der Sündenfall im Garten Eden also verhindert werden können? Ich wage es nicht, eine klare Antwort zu geben. Nur Gott könnte sie geben. Ich würde sagen: vielleicht jenes Mal damals. Aber können wir glauben, dass die Sünde damit ein für alle Mal verhindert worden wäre? Wer kann uns sagen, was dann in der Folge geschehen wäre, wenn die Schlange zum nächsten Schlag ausgeholt hätte? Oder glauben wir wirklich, dass die Menschen nackt geblieben wären, um in Ewigkeit den Garten zu bebauen? Wenn wir das denken würden, dann würden wir damit zeigen, wie wenig wir den Menschen kennen und wie blind wir uns gegenüber sind.

Liebe Gemeinde, Schwestern und Brüder, wir gehen davon aus, dass es die Sünde gibt – in uns allen. Wir müssen damit rechnen, wir müssen es zur Kenntnis nehmen und nicht so tun, als wäre da nichts, als wären wir allmächtig. Die Sünde – unsere Sünde – anzuerkennen, bedeutet aber auch zu erkennen, dass wir vor Gott Verantwortung tragen; es bedeutet Gott anzuerkennen; es bedeutet die Möglichkeit, die er uns gibt, seine Gesprächspartner und nicht Götter zu werden, es bedeutet die Möglichkeit, ihn anzurufen, uns ihm zu öffnen.

Es ist wahr, dass wir nicht mehr verschmolzen mit Gottes Gegenwart leben, aber wir können mit ihm reden, wir können uns an ihn wenden, indem wir uns als Sünder anerkennen. Wir können die Beteuerung der Schlange annehmen: «Mitnichten werdet ihr sterben» (Gen 3,4): das heisst, dass das erste Menschenpaar nicht gestorben ist, weil es das Verbot missachtet hat – das können wir annehmen, und zwar nicht als Beweis der Unfähigkeit Gottes, sondern als Zeichen seiner Gnade. Und so öffnet sich der Blick und dieses «Mitnichten werdet ihr sterben» ist nicht mehr in der Schlange verkörpert, sondern in Jesus Christus. In dem, der mit seinem Tod den Tod für uns überwunden hat, der unsere Sünde getilgt und der uns immer wieder von neuem die Möglichkeit gibt, Gott «unsern Vater» zu nennen, mit dem Leben zu beginnen, auf Gott vertrauend und ihm treu.

Der Herr erneuere seine Vergebung und seine Gnade. Sein auf uns gerichteter Blick ermögliche uns, die Augen zu öffnen und uns als die zu erkennen, die wir sind. Sein Wort begleite uns auf dem langen, unaufhörlichen Weg des Wachstums, einem Weg, auf dem wir immer wieder fallen – aber auf dem uns seine starke und liebenswürdige Hand immer wieder hilft aufzustehen.

Amen.

Diese Predigt wurde am 13. März 2011 in Basel gehalten.

François Lemrich

Tamar – Erzählen, wovon man nie erzählt!

Predigt zu Gen 38,1–30

Aus dem Französischen übersetzt von Katharina Vollmer Mateus

Der Bibeltext Gen 38,1–30 wird nicht gelesen, sondern in Form eines lebendigen Gesprächs zweier Frauen vom Dorf erzählt. Der Text wurde gemeinsam mit Pfarrer François Lemrich bearbeitet; die Erzählerinnen sind Line Gavillet und Claude Cuendet. Die Idee «Klatsch und Tratsch» stammt von den Erzählerinnen.

Eröffnung: zwei Frauen vom Dorf («Klatschbasen»)

A: Heute ist's aber ganz schön voll hier.

B: Oh! Bei solchen Veranstaltungen kommen immer ziemlich viele Leute … (Kurze Stille)

A: Sag mal … weisst du, wer das da ist, da ganz hinten?

B: Das ist ja Chira!

A: Chira?! Den hab' ich gar nicht erkannt!

B: Ja, er ist ganz schön in die Jahre gekommen!

A: Das kannst du laut sagen … trotzdem, schön zu sehen.

B: Was?

A: Dass nicht nur wir alt werden. (Kurze Stille)

A: Oh! Sag mal … Siehst du, was ich sehe?!!

B: Wo denn?

A: Da links!

B: NEIN … Das ist ganz schön dreist, muss ich schon sagen!

A: Das ist sie doch, oder?

B: Ja ja, das ist sie.

A: Tamar?

B: Ja ja, Tamar!

A: An ihrer Stelle würde ich mich ja nicht mehr in die Öffentlichkeit wagen.

B: Nach allem, was sie angerichtet hat … Aber nun, ich hab's ja gleich gesagt: diese Frau bringt Unglück …

B: Ihr erster Mann – wie hiess der nochmal? Das habe ich dich gerade erst noch gefragt.

A: Ehr.

B: Ja, Ehr. Hatte nicht mal Zeit, auch nur einen kleinen Nachwuchs zu zeugen – schon war er tot. Und dann Onan, ihr zweiter Mann, der Bruder von Ehr.

A: Ach übrigens, weisst du, was man sich damals von Onan erzählte?

B: Nein.

A: Dass er sich ja nicht gesträubt hat, seine Schwägerin zu heiraten, dass er aber nicht gerade davon begeistert war, seinem Bruder Nachkommen zu schaffen – und da hat er es eben so eingerichtet, dass …

B: Ah, aber so ist nun mal das Gesetz: wenn ein Mann stirbt, ohne dass er ein männliches Kind gezeugt hat, dann muss der nächstverwandte Mann die Witwe heiraten und dafür sorgen, dass dem Dahingeschiedenen ein Sohn geschenkt wird.

A: Ja, das ist Gesetz. Aber Onan war eben nicht einverstanden mit dem Gesetz. Das kommt schon mal vor, dass man mit dem Gesetz nicht einverstanden ist. Wie auch immer, einverstanden oder nicht, das ändert nichts an der Tatsache: auch er ist dann ziemlich schnell gestorben.

B: Zwei Männer in so kurzer Zeit, sie bringt Unglück, sag ich dir, sie bringt Unglück, diese Tamar. (Kurze Stille)

A: Aber sag', wenn ich recht weiss, dann war Juda, der Vater von Ehr und Onan, gar nicht von hier?

B: Nein, nein. Er war ein Freund von Chira. Aus dem Stamm der Hebräer.

A: Der wäre auch besser daheim geblieben und hätte eine aus seinem Stamm geheiratet. Was nimmt der sich auch eine Kanaaniterin zur Frau, eine von uns –, Schuas Tochter!

B: Da bin ich ganz deiner Meinung. Dieses Gemisch! Da kommt nichts Gutes dabei heraus. (Kurze Stille)

A: Und dann? Wie war das noch? Ich kann mich gar nicht mehr genau erinnern. Warum ist Tamar dann eigentlich zu ihrem Vater zurückgegangen?

B: Juda wollte das so. Er hat es ihr nahegelegt. Er hatte doch noch einen jüngeren Sohn – verstehst du.

A: Schela.

B: Ja, Schela. Und Juda hatte nun wirklich keine Lust, dass auch der so enden sollte wie die beiden anderen. Da hat er sich gesagt: da schaff ich mal Tamar und ihren bösen Blick besser ausser Land. Er hat zu ihr gesagt: «Bleibe als Witwe im Haus deines Vaters, bis mein Sohn Schela herangewachsen ist.» (Gen 38,11)

A: Und dann ist irgendwann auch noch die Frau von Juda gestorben.

B: Da siehst du mal wieder: der böse Blick wirkt auch auf Entfernung. Und weisst du noch, was dann passiert ist?

A: Aber natürlich! Die ganze Gegend hat sich darüber lustig gemacht! Nach der Trauerzeit ist Juda mit seinem Freund Chira nach Timna, zu den Schafscherern gegangen.

B: Das war verhängnisvoll!

A: Tamar hat davon erfahren – und hat ihre Witwenkleider abgelegt.

B: Die hat natürlich gemerkt, dass Schela längst erwachsen geworden war und dass man sie ihm nicht zur Frau geben wollte.

A: Sie hat ihr Gesicht unter einem Schleier verborgen …

B: Und hat sich an den Eingang von Enajim gesetzt. Das liegt am Weg nach Timna.

A: Juda hat sie gesehen – aber eben nicht bemerkt, dass es seine Schwiegertochter ist.

B: Eben! Wegen dem Schleier.

A: Er hat sie für eine Prostituierte gehalten, hat sie gefragt, ob er gegen ein Zicklein zu ihr kommen dürfe; sie aber, weil er das Zicklein nicht dabei hatte, hat gesagt: einverstanden, aber gib mir derweilen ein Pfand.

B: Und hat sein persönliches Siegel samt Schnur verlangt – und den Stab, den er in der Hand hatte. Hah, ganz schön raffiniert! Die wusste genau, was sie tat!

A: Aber es ist doch auch wirklich nicht gerade schlau von Juda, dass er einem Strassenmädchen so persönliche Sachen als Pfand gibt.

B: Stimmt. Aber weisst du, in diesen Momenten sind die Männer ja nicht unbedingt intelligenzgesteuert!

A: Jedenfalls ist er zu ihr gegangen, zufrieden wieder heimgekommen und sie, sie war schwanger.

B: Die Schwiegertochter schwanger von ihrem Schwiegervater! Was für eine Familie!

A: Wirklich, wo diese Frau auftaucht, nichts als Unglück.

B: Und als Juda ihr dann durch seinen Freund Chira das Zicklein zukommen lassen und seine Sachen zurückhaben wollte, da war der Vogel ausgeflogen, keine Prostituierte mehr da; sie hatte wieder ihre Witwenkleider angezogen.

A: Hah! Mit allen Wassern gewaschen, diese Frau. (Kurze Stille)

B: Oh! Aber als man drei Monate später dem Juda die Nachricht brachte, dass seine Schwiegertochter sich prostituiert habe und dass sie schwanger sei, da ging's ruck, zuck: «Führt sie hinaus und verbrennt sie», hat er gesagt, «aber flott!»

A: Ja, aber da hat Tamar ihrem Schwiegervater das Siegel samt Schnur und Stab zukommen lassen und ihm sagen lassen: «Von dem Mann, dem dies hier gehört, bin ich schwanger.» (Gen 38,25)

B: Da kam Juda in grosse Verlegenheit, weil er ja das Gesetz nicht befolgt hatte. Er hätte Tamar seinem Sohn Schela zur Frau geben müssen.

A: Schon möglich – aber das ist keine Entschuldigung für Tamar. Sie hat die Familie verhext. (Kurze Stille)

B: Ach übrigens, weisst du, was bei der Geburt dann noch passiert ist?

A: Nein.

B: Sie hat ja dann Zwillinge bekommen: Perez und Serach.

A: Man sagt ja: ein Unglück kommt selten allein.

B: Einer der Zwillinge hat seinen Arm herausgestreckt. Die Hebamme hat einen roten Faden drum gebunden und gesagt: «Dieser ist zuerst hervorgekommen.» (Gen 38,28) Das Kind hat aber seinen Arm wieder zurückgezogen und der andere ist zuerst zur Welt gekommen. Da hat die Hebamme gerufen: «Wie hast du dir doch den Durchbruch erzwungen.» (Gen 38,29) Und Juda nannte ihn Perez. Das heisst nämlich Durchbruch.

A: Ah, deshalb! Aber sag, woher weisst du das?

B: Oh … die Freundin von der Schwester der Hebamme hat mir das erzählt.

A: So eine Klatschbase!

B: Du sagst es. Jedenfalls bin ich froh, dass ich nicht zu dieser Familie gehöre. So eine Tamar im Stammbaum, die vergiftet das ganze Geschlecht.

A: Das stimmt! Da kann nichts Gutes dabei herauskommen.

Einleitung

Salt-Lake City, ein paar Mausklicks, und schon sind wir, dank der Mormonen, auf der Spur unserer Vorfahren.
Was für eine Welt!

Sicher haben viele von Ihnen schon einmal Ahnenforschung betrieben. Man möchte wissen, woher man kommt, wer einen gezeugt hat, und forscht noch weiter zurück und noch weiter ... Bei manchen haben die Nachforschungen schon seit langer Zeit Gestalt angenommen, und sie haben irgendwo bei sich einen Stammbaum an der Wand hängen. Bei anderen ist es wie die Wüste.

Ich will Ihnen eine kleine Anekdote erzählen. Ich habe es getan. Nach einer akuten Blinddarmentzündung hatte ich drei Wochen totzuschlagen, ich weiss, diese Information ist weder hier noch dort von entscheidender Bedeutung, aber ich habe so erfahren, dass ein gewisser Frédéric im Jahre 1803 über die Montagne du Droit oberhalb von Renans (Bern) in die Schweiz gekommen ist. Das waren Leute aus dem Schwarzwald und sie sind als Landarbeiter hierhergekommen. Und davor? Unbekannt, meine Abstammung!

Hier in Peney, genauer gesagt in Peney-le-Jorat, es gibt nämlich zwei Peney, hier also sitzen Leute vor mir, die ihren Stammbaum in ihrem Dorf bis 1635 zurückverfolgen können. Eine unserer Klatschbasen, unserer grossartigen Erzählerinnen, gehört zu einer solchen Familie.

Und Sie, die Sie aus der Ferne zuhören, haben vielleicht einen Stammbaum an der Wand hängen – besser gesagt einen Abstammungs-Birnbaum. Ich nenne das «Birnbaum», weil jene Spalierformen ja nicht mehr viel mit einem naturbelassenen Baum zu tun haben. Vielleicht ist er auf Pergament oder kostbarem Papier von Hand geschrieben. Oder vielleicht haben Sie auch nur ein paar Erinnerungen, die in der Familie mündlich weitergegeben werden. Auch das ist gut und oft längst ausreichend.

Aber übrigens, was die Ahnen betrifft, gibt es ja eine Sache, die mir nicht ganz behagt. Es sind meistens Männerbäume und leider sind es selten Frauenbäume. Das ist ungerecht.

Woher kommt jemand, wenn man Savoy heisst oder Zosso, Ravanel, Pretty oder Reymond? Woher kommt jemand, wenn man von Mattheus, Gérard oder Martin heisst? Die Familie Dind, die Dell'Acqua, Makuka, Zimmermann und die Gavillets? Die Pahud, Pidoux, Freymond, Perdrix, die Schuppli oder Vlaiculescu? Woher kommt man? Die Richi, Kolly, Chevalley, Pizzoglio, Perrenoud oder Jaton. Nun?! Die Dokumente sind vielleicht unleserlich, verlegt, verloren, in den Kriegen verbrannt. Schade, aber man braucht sie auch nicht unbedingt.

Teil 1

Und Jesus von Nazaret? Jesus hat seinen Stammbaum.

In der Bibel hat er sogar zwei Stammbäume. Matthäus nennt Jesu Vorfahren seit Abraham. Lauter Männer und nur fünf Frauen. Eine davon ist Tamar.

Tamar.

TAMAR.

TAMAR wie TINTAMARRE. Radau.

Jene, von der man am Tisch nicht spricht. Nicht vor den Kindern. Oh nein! Jene, die Witwenkleider trägt, aber zwei Söhne zur Welt bringt. Unmöglich! Und das sind auch noch die Enkel des grossen Jakob. Nein, Ruhe bitte!

Ich will Ihnen eine andere Anekdote erzählen: bei mir, in meiner Familie gab es Onkel Arthur; man traute sich nicht, von ihm zu reden und erst als Erwachsene hat man erfahren, warum. Um das Geheimnis zu lüften, mussten wir Grossmutter ausquetschen, wenn unsere Mütter nicht da waren. Onkel Arthur

… war im Theater Pigalle für die Bühnen-Maschinerie zuständig gewesen. Ruhe bitte, es reicht!

Stellen Sie sich vor, Sie hätten einen Landru in Ihrer Familie. Ich nehme an, dass Sie Ihren Stammbaum nicht an der Wohnzimmerwand, sondern eher hinter einem Möbelstück aufhängen würden.

Doch vielleicht sind wir wirklich Sohn oder Tochter von Leuten, die etwas an sich tragen, das als Schandfleck empfunden wird. Sohn oder Tochter von einer Person, die Pleite gemacht hat, die im Gefängnis sass, die gewalttätig war, die dumm oder unüberlegt gehandelt hat. Sohn oder Tochter von einer Person, die so berühmt ist, dass sie einen Schatten über unser Leben wirft, dass sie uns unseres Familiennamens beraubt hat. Vielleicht tragen wir einen Namen, der an ein Verbrechen in der Vergangenheit erinnert, an einen in unserem Dorf oder unserem Land allzu bekannten Fehler. Unser Leben ist durch unsere Vorfahren gebrandmarkt.

Eine Anekdote, eine bewegende Begegnung: Ich erinnere mich gut an jene Frau, jene Begegnung. Ihr Vater war Nazi in Deutschland. Ein sehr bekannter Nazi. Sie hat sich entschieden, evangelische Ordensschwester zu werden und ihr Leben unter einem Vornamen zu leben. Ich werde ihren Vornamen nicht nennen, zu leicht wäre sie zu identifizieren. Eine gastfreundliche Frau, aber durch ihren Namen verwundet.

Das geht nicht, dass man im Stammbaum eine Frau wie Tamar hat. So eine Frau verneint oder verschweigt man.

Diese Geschichte aus der Bibel wird übrigens im Gottesdienst nie gelesen. Stellen Sie sich das vor: Sie findet sich in nicht einer einzigen Aufstellung der Texte, die für den Gottesdienst vorgesehen sind.

Und doch steht Tamar in der Bibel. Sie hat uns also etwas zu sagen.

Teil 2

Juda ist ein Sohn Jakobs, ein gutes Geschlecht. Und in seiner Nachfolge stehen drei Söhne. Ehr, Onan und Schela. Seltsame Namen, aber es sind Jungs. Garantiert!

Tamar heiratet den ersten, Ehr. Der stirbt aber. Tamar kann nichts dafür. Tamar heiratet den zweiten, Onan. Onan vermählt sich mit ihr aus Pflicht, aber sexuell verwehrt er sich ihr aus Missgunst – man nennt das Onanie. Auch er stirbt. Tamar kann nichts dafür. Ein zweites Mal ist sie Witwe.

Aber da hat sich im Geist von Judas, vom Schwiegervater, ein kleiner hässlicher Riss gezeigt – ein kleiner schäbiger Gedanke, der sich eingeschlichen hat: Diese Frau hat den bösen Blick. Diese Frau bringt Unglück. Ich werde nicht zulassen, dass sie meinen dritten Jungen heiratet. Er ist noch nicht erwachsen. Schela, man weiss nie. Hat sie nicht schon getötet? Seien wir ehrlich, zwei meiner Söhne, ihre Ehemänner, sind schon gestorben.

Sie, die mich hören, erinnern Sie sich an den kleinen Riss, den Sie gespürt haben: Was Sie bei einer Heirat oder einer Wiederheirat empfunden haben, als Sie sich sagten: Das geht nie gut. Welchen Grund gab es dafür? Das Alter der Brautleute, ihr Lebenslauf, ihre soziale Stellung? Erinnern Sie sich an den kleinen Riss, den Sie gespürt haben, als der Neffe anfing zu trinken, und Sie sich sagten: Der Apfel fällt nicht weit vom Stamm. Erinnern Sie sich an den kleinen Riss, den Sie gespürt haben, als Sie hörten, dass der Name des Freundes Ihres Sohnes oder Ihrer Tochter auf «ic» endet, oder als jemand neu zur Familie hinzukam und Sie seine Hautfarbe sahen. Jener kleine Riss, wenn eine Familie, die schon ein behindertes Kind hat, ein zweites behindertes Kind bekommt. Warum haben sie auch weitergemacht?

(Faustschlag).

Es reicht! Von Tamar wird Jesus abstammen. In direkter und zugleich indirekter Nachfolge wird der Sohn par excellence zur Welt kommen.

Wäre ich ein Prophet, würde ich jetzt sagen:

Spruch des Herrn –

Seid still, ihr Klatschbasen.

Und lasst den kleinen Riss, den kleinen schäbigen Gedanken, nicht in Euren Kopf.

Wer Ihr auch seid, Gross und Klein, die Ihr jetzt zuhört,

Dieser hässliche Riss in Euren Gedanken wird zu einem Abgrund, in dem Ihr Euch verliert.

Seid still, kaltblütige Spötter,

Seid still, gedankenlose Spötter,

Und gebt dem kleinen Riss des Juda keinen Raum.

Ihr werdet Euch darin verlieren – Spruch des Herrn.

Teil 3

Es ist niederträchtig, wie mit Tamar umgegangen wird. Sie wird abgeschoben, weil sie allem Anschein nach den bösen Blick hat. Was für ein schäbiger Gedanke. Das ist Mobbing vor seiner Zeit.

Tamars Reaktion, sich ihrem Schwiegervater gegenüber unerkannt als Prostituierte auszugeben, um mit ihm Nachkommen zu zeugen, ist aber auch mehr als fragwürdig …

Doch wir Hörer, wir Gemeindemitglieder sind vielleicht auch erblich belastet, inzestuös, tragen die Last eines Familiengeheimnisses oder haben einen Schandfleck im Stammbaum unserer Ahnen. Vielleicht ist eine Tamar in uns oder ein Tamar in unserer männlichen und weiblichen Ahnenreihe.

Teil 4

Nehmen Sie sich zu Herzen, was das Wort Gottes Ihnen zu sagen hat. Sie sind Teil des rotes Fadens, der uns alle auf Christus zurückführt. Sie sind in der Hand Gottes, die uns alle miteinander verwebt. Wenn Sie ein Bibelwort suchen, um Ihre Würde wiederfinden zu können, nehmen Sie dieses hier. Ein Verbrecher, der am Kreuz hängt, und das sind wir alle, sagt zu Jesus: «Jesus, denk an mich, wenn du in dein Reich kommst.» (Lk 3,42) Und Jesus antwortet: «Amen, ich sage dir: Heute noch wirst du mit mir im Paradies sein.» (Lk 23,43)

Nehmen Sie sich zu Herzen, was ich Ihnen allen sagen will: Leute, die sich für rein hielten, haben den Sohn Gottes gekreuzigt.

Aber Tamar ist kein Vorbild.

Tamar ist keine Ikone.

Tamar hätte gerne ein anderes Leben gehabt.

Oh ja! Heute würde sie gut in eine jener Fernsehsendungen passen: «Meine Entscheidung» oder «Reden wir darüber» oder «Wir haben alles versucht». Würde sie ein Buch schreiben, würde man sie mit Standing Ovations empfangen, um sie zu beglückwünschen – nur, zu was? Zu einem Leben, das ihr ein Dummkopf von Schwiegervater verpfuscht hat.

Tamar ist weder ein Vorbild.

Tamar ist auch keine Ikone.

Tamar ist der Beweis dafür, dass Gott nie weit weg ist von uns und unseren Nöten. Tamar ist der Beweis dafür, dass wir und unsere offenen Wunden von Gott nicht zurückgewiesen werden. «Jesus, denk an mich.» (Lk 23,42)

Schluss

Jedes Mal, wenn wir nun den kleinen hässlichen Riss spüren, ausgelöst durch Rassismus oder Sexismus, der sich an der Wirtschaftskraft oder am Altersunterschied festmacht, der sich auf das Dorf oder auf die Intelligenz oder auf was auch immer beruft …

Jedes Mal, wenn wir den kleinen Riss spüren: Denken wir daran, dass alle Stammbäume, die an irgendeiner Wand hängen, die der besten und die der schlimmsten Familien, auch Früchte tragen, die einen wachsen lassen – an Menschlichkeit.

Früchte wie Tamar.

Tamar, eine Frucht der Menschlichkeit im Stammbaum Jesu von Nazaret. Für den kleinen Riss hat es heute keinen Platz.

Amen.

Diese Predigt wurde am 23. Oktober 2006 in Peney-le-Jorat gehalten.

Etienne Rochat-Amaudruz

Das Glaubensbekenntnis meiner Salate – Wenn Jesus «ego eimi» sagt

Predigt zu Johannes 6,35

Aus dem Französischen übersetzt von Gabriele Maffli

Jesus sagte zu ihnen [dem Volk]: ich bin das Brot des Lebens. Wer zu mir kommt, wird nicht mehr Hunger haben, und wer an mich glaubt, wird nie mehr Durst haben.

Ich habe meine Salate gefragt:
— Warum seid ihr so schön?
— Das kommt vom Wasser.
— Was ist das, Wasser?
— Woher sollen wir das wissen? Ohne Augen, die sehen, ohne Nase, die riecht, ohne Mund, der schmeckt? Du, Mensch, hast alle diese Sinne.

— Ja gut … aber es ist merkwürdig: Ich habe Wasser im See gesehen, im Schwimmbad, nur wo ist euer Wasser?

— Langsam nervst du uns mit deinen Fragen. Das Wasser fällt auf uns herunter, es tropft, es rinnt, läuft runter und kitzelt. Und nichts weiter. Aber am Tag darauf fühlen wir uns grösser, stärker, schöner. Das Wasser tut uns gut, mehr können wir dir nicht sagen. Ausser, dass es uns sehr schlecht bekommt, wenn zu viel auf einmal kommt.

Ich verliess meine Salate, um nach meinen Rosen zu sehen.

— Die ganze Woche waren eure Knospen geschlossen, heute habt ihr sie ganz weit geöffnet. Wie kommt das?

Eine machte sich über meine Frage lustig:

— He, ich bin nicht deine Rose und du bist nicht Saint-Exupéry, oder?

Eine freundlichere sagte mir:

— Das kommt von der Sonne.

Und wieder derselbe Dialog …

— Was ist das, die Sonne?

— Wir wissen es nicht. Wenn es kalt ist oder dunkel, bleiben wir geschlossen, aus Angst vor den Insekten und anderen Eindringlingen. Und dann, plötzlich, durchdringt uns ein Sonnenstrahl wie ein Hauch von Frieden, ein Lebensschwung. Da verlassen uns alle Ängste, unsere Blüten öffnen sich und die Bienen kommen, um zu sammeln. Voilà, diese Frieden verströmende Wärme, das ist die Sonne, sie tut uns gut. Aber zu viel Sonne ist nicht gut, sie kann uns verbrennen.

Wenn ich segeln gehe, spreche ich gerne mal mit meinem Boot.

— Ok, der Wind treibt dich an. Er bewegt dich, aber wer bewegt ihn, den Wind? Woher kommt er? Wohin geht er? Wie macht man Wind? Wenn er anhält, wo hält er sich auf? Und wenn er heult, ist es vor Wut oder vor Schmerz? Das Boot antwortete knarrend:

— Keine Ahnung, du hast vielleicht Fragen! Ich spüre ein Streicheln, eine leichte Bewegung, die mich wiegt. Du setzt dann das Segel, es bläht sich und bewegt mich vorwärts. Ich gleite auf dem Wasser dahin, hüpfe auf den Wellen, reite übers Meer. Das macht der Wind. Mit ihm könnten wir bis ans Ende der Welt kommen. Aber ich weiss auch, wenn der Wind zu stark ist, kann er mich zerschmettern, dich baden gehen und Wasser schlucken lassen.

Zurück im Hafen trinke ich einen Apéro. Der See war ruhig, der Himmel orange gefärbt, der Moment überwältigend. Da habe ich mich gefragt:

— Woher kommt diese Vollkommenheit?

Und mein Glas antwortete:

— Vom Wein.

— Wie, vom Wein?

— Ich sehe dein Auge, wie es mich streichelt, deine Nase, wie sie mich riecht, deine Lippen, wie sie mich berühren …

— Ach du, Glas, wer bist du denn? Du bist doch nur eine Wand, die umfasst, ein Boden, der hält, und du willst das alles fühlen! Dann machst du also auch einen Unterschied zwischen Wasser, Cola, Krätzer, Grand Cru, Champagner, einem Medikament oder Arsen?

— Natürlich nicht. Aber ich fühle die Münder. Den Mund, der alles und jedes trinkt, ohne Unterschied und ohne nachzudenken. Den Mund, der gierig, ausgetrocknete innere Abgründe stillen will. Lippen, die sich kaum befeuchten oder andere, die bodenlos einsaugen. Oder die Verkrampften, die Unglück ausatmen und mich deprimieren.

— Und dann, plötzlich, fühlst du einen unbeschwerten Mund wie meinen, aufmerksam, der sich Zeit nimmt, um zu riechen und zu schmecken, der in vollen Zügen geniesst, aber dabei respektvoll bleibt bis zum Schluss.

— Exakt. Und wenn ich dann leer bin, fühle ich etwas wie eine Entspannung. Der Wein tut dir gut, das ist offensichtlich. Aber wenn du zu viel trinkst, das weiss ich auch, tut er dir gar nicht mehr gut.

Ich treffe auf Freunde, die um einen Tisch herum sitzen. Plötzlich zieht einer lautstark die Aufmerksamkeit auf sich:

— Leute, hab' ich euch das schon erzählt? Ich war in Crissier essen, das war einmalig!

Schön, sage ich zu mir, er wird mir nun endlich alles erklären, nicht so wie mein Salat, meine Rosen, mein Boot, mein Glas …
Aber er sagt nichts weiter! Also bombardiere ich ihn mit Fragen:

— Wann warst du dort?

— Spielt doch keine Rolle.

— Und was hast du so Besonderes gegessen?

— Oh ein Fleisch, so zart, so köstlich, fantastisch!

— Ja gut, aber was war das denn für ein Fleisch? Rindfleisch, Wild, ein Wildschwein?

— Kann ich nicht sagen, aber die Beilage: eine Augenweide. Und die Sauce: dafür stehst du sogar nachts auf!

— Und, hast du nach dem Rezept gefragt?

— Violier hat es mir genau erklärt, aber ich konnte mir nicht alles merken.

— Du wagst es hier, uns ein Essen in den höchsten Tönen zu loben, von dem du nichts mehr weisst und das du auch schon längst verdaut hast… Wunderbar!

Der Freund antwortet geduldig:

— Ja Mensch, ich wollte euch nur sagen, was für ein fantastisches Vergnügen das war, wie gut mir das getan hat. Die Erinnerung daran hat sich bei mir eingeprägt wie ein göttlicher Moment.

Ein göttlicher Moment, sagt er. Und ich, was kann ich denn über Gott sagen? Dass er der heimliche Motor meiner Existenz ist? Ich könnte auch sagen: Gott ist wie das Wasser, wie der Wind, wie die Sonne, er ist unbegreiflich, unsichtbar, pures Geheimnis, weiter als alles Wissen. Auf Bibliotheken voller theologischer Bücher zu verweisen, hätte wohl nicht viel Sinn, denn Gott lässt sich weniger in Büchern oder Reden finden als vielmehr im Leben. Ich werde also versuchen, einfach zu sagen, was er bewirkt. Ich werde Menschen in Erinnerung rufen, die sich seinem Licht geöffnet haben. Männer und Frauen, die, von seinem Geist bewegt, weite Wege gemacht haben, um von ihm Zeugnis abzulegen, Leben zu retten und die Welt zu verändern. Die Himmel und Erde in Bewegung gesetzt und Berge versetzt haben. Ich werde sagen, wie Gott sie mit Eifer, Mut und Kraft erfüllt hat. Ich werde von Gemeinschaften erzählen, die Brot und Wein teilen und deren Leben den vollen Geschmack eines erstklassigen Bordeaux' hat, die knusprige Frische von geba-ckenem Brot und ein Parfum von Ewigkeit. Gemeinschaften von Männern und Frauen, die begeistert sind von Gott, mitge-rissen von Jesus von Nazaret – nur ein Mensch und mehr als ein Mensch. Zwanzig Jahrhunderte sind vergangen, aber ihr Ent-husiasmus steckt noch immer an, ihr Glaube findet heute noch Hörer, ihre Hoffnung ist lebendig, ihr Licht leuchtet auf ewig. Ihr Leben wurde weitergegeben, von Generation zu Genera-tion, von Gemeinde zu Gemeinde, bis zu uns, hier und heute.

Das Geheimnis ist einfach, wie das des Kleinen Prinzen: Ich spüre, dass Gott uns wachsen hilft, dass er die Menschen menschlicher macht; er schenkt Vertrauen und lindert Ängste; er bringt Licht in die dunklen Bereiche unseres Lebens und bewahrt uns vor den Versuchungen des Bösen; er sättigt alles Verlangen und stillt den Durst nach Liebe und Wahrheit; er ver-wandelt das Leben und lehrt uns dessen Schönheit zu schätzen wie ein Geschenk. Gott ist alles, was uns gut tut, er ist in allem, was uns gut tut.

Aber Gott bleibt verborgen, wie hinter einem Schleier. Diese Distanz aufheben zu wollen, bringt nichts Gutes, im Ge-genteil. Seht nur die Fanatiker aller Seiten: sie sind von Gott beherrscht, sehen sich als Besitzer seiner Wahrheit, als Vertreter seiner Absolutheit. Durch sie, aber ganz gegen seinen Willen, bringt Gott viel Unheil in die Welt.

Es gilt, die Wohltaten Gottes zu erleben und sichtbar zu machen. Ich glaube meinen Salaten und meinen Rosen, denn ihre Ausstrahlung spricht für sie. Und ich, mein Körper, mein Blick, mein Leben, was sagen sie?

Jesus sagte: «ego eimi», ich bin. Ich bin die Tür, der gute Hirte, der Weinstock, das Brot des Lebens, der Weg, die Wahrheit, das Licht, die Auferstehung, der Erste und der Letzte. Ich bin. Und die Leute glaubten ihm oder verstiessen ihn.

Diese Worte Jesu sind keine Vergleiche. Er sagt nicht: ich bin wie das Licht. Er sagt (wenn ich das ein bisschen ausführen darf): ich bin. Ihr kennt das Wasser, den Wind, die Sonne, das Brot, den Wein. Ihr seid euch ihrer Geheimnisse bewusst und lebt von ihrem Zusammenwirken. Aber das ist noch nicht alles. Ich bin dieses Leben. Es kommt durch mich von Gott. Ich gebe es euch und gebe mich noch dazu. In mir und durch mich erlebt ihr Hunger und Sättigung, Durst und seine Stillung, Angst und Frieden, Leiden und Heilung, den Tod und das Leben. Ich veranlasse in euch die Suche und die Bewegung, die Anspannung und die Erfüllung, ich bin der Weg und das Ziel. Ich gebe euch den Augenblick und die Ewigkeit, die Flüchtigkeit und die Dauer, die Zerbrechlichkeit und die Fülle. Lasst mich zu euch kommen und euch zu Gott hinziehen. «Ich bin gekommen, damit sie das Leben in Fülle haben.»[1]

Sie werden mir vielleicht sagen: das wissen wir doch längst alles, wir sind doch gläubig. Aber Jesus antwortet: gestern und morgen, Erfahrungen und Erlebnisse, Misserfolge und Erfolge, euer Glaube und eure Zweifel sind nicht so wichtig. Jetzt ist jetzt. Ich bin da und sage euch: mit jedem Moment beginnt das Leben neu, jetzt rufe ich euch zu mir, jetzt ist der Moment, in mich einzutauchen.

Amen.

Diese Predigt wurde am 26. Juni 2005 in der Kirche St. Etienne in Prilly gehalten.

---

1   Joh 10,10. Andere «ego eimi» in Joh 4,25–26; 6,19–20; 7,27–29; 8,12; 9,5; 10,7–11; 11,25; 14,6; 15,2–5; 18,4–6.

Predigerinnen und Prediger

Luc Badoux, geb. 1963, ist Pfarrer in der Eglise évangélique réformée du Canton de Vaud. Nach Studienabschlüssen im Bauingenieurwesen an der ETHZ und in Theologie an der Universität von Lausanne wurde er als Pfarrer ordiniert. Zurzeit ist er in der Kirchgemeinde des Vallée de Joux tätig, wo er sich als Brückenbauer im Namen des Evangeliums sieht und sich sehr für die Menschen, ihre Lebensgeschichte und für das Wirken Gottes in ihnen interessiert. Er ist verheiratet und Vater von vier Kindern.

Ruedi Bertschi ist 1961 auf einem Bauernhof in Dürrenäsch (AG) geboren. Erweckliche Aufbrüche in der Kirchgemeinde prägten seine Jugendzeit und führten ihn ins Theologiestudium an die Staatsunabhängige Theologische Hochschule Basel und nach Neuchâtel. Als Missionar und Theologischer Lehrer diente er zehn Jahre in Kamerun. Seit 1999 ist er Pfarrer in der Evangelischen Landeskirche des Kantons Thurgau und arbeitet zurzeit in Romanshorn.

Andreas Bruderer, geb. 1950, ist Theologe mit Zusatzausbildung MAS UZH in Spiritualität. Sein besonderer Umgang mit Sprache zeigt sich in seinen Gedichten, veröffentlicht im Jahreskalender 2014 von Pro Lyrica, sowie im Thema der Masterarbeit seiner Spiritualausbildung: «Spiritualität als Poesie der Wirklichkeit». Er ist Pfarrer an der City Kirche Offener St. Jakob in Zürich-Aussersihl und Leiter des dortigen reformierten Pilgerzentrums St. Jakob.

Marco Di Pasquale, geb. 1968, hat Philosophie und Theologie studiert und wurde in der Église évangélique reformée du Canton de Fribourg ordiniert. Im Moment ist er Gemeindepfarrer in der Chiesa evangelica di lingua italiana in Basel (Waldenser-kirche). Veröffentlichungen: «Hans Jonas: anticosmismo o re-sponsabilità?» (Protestantesimo, n. 55-2, 2000); «Umano e divi-no: un Cristo irrisolvibile» (Gioventù Evangelica, n. 211, 2010).

Martin Dürr, geb. 1959, ist Co-Leiter des ökumenischen Pfar-ramts für Industrie und Wirtschaft BS-BL. Einige seiner Pre-digten erschienen in «Über das neue Stadion, das Unser Vater und einige andere wesentliche Dinge» (BoD 2005). Er schreibt regelmässig Kolumnen für das offizielle FCB-Magazin «rot-blau» und gelegentlich für die bzbasel und andere Zeitungen.

Thomas Grossenbacher, geb. 1958, ist Pfarrer in der refor-mierten Kirche Zürich. Er wuchs in Basel auf. Studium, Vika-riat (St. Leonhard) und Ordination ebenda. Gemeindepfarrer in Amriswil-Oberaach (TG) 1985–1992 und in der Stadtgemeinde Zürich-Fluntern 1992–2014. Seit August 2014 Leitender Spital-seelsorger am Stadtspital Triemli in Zürich. Verheiratet, drei erwachsene Kinder. Eine Auswahl seiner Predigten ist bei pre-digten.de publiziert.

François Lemrich wurde 1960 in Neuenburg geboren und stu-dierte dort Theologie. Er wurde im SVBJ ordiniert und war während 15 Jahren Pfarrer in Biel. Durch seine Tätigkeit wurde er angeregt, seine Art zu sprechen und zu predigen von Grund auf zu überdenken. In der Kirchgemeinde des Plateau du Jorat im Kanton Waadt wurde er als Landpfarrer Mitglied der EERV. Seit 2009 ist er Pfarrer in Nyon, wo er auch weiterhin mit Be-geisterung das Wort Gottes über die Narration, die Predigt und anhand von Taten verkündet.

Manuela Liechti-Genge, geb. 1957, ist in Adelboden aufge-wachsen. Gymnasium und Sekundarlehramt (bildnerisches Gestalten, Deutsch) in Bern, Sekundarlehrerin, Katechetin, Pfarrfrau, Mutter von 5 Kindern und eines Pflegekinds, Studium der Theologie, (Ausbildungs-)Pfarrerin in Münchenbuch-see, zurzeit an drei Teilzeitstellen: Studienleiterin «CAS Ausbildungspfarrer/in» Universität Bern, Fachmitarbeiterin Vikariat im Konkordat, Pfarrerin für Deutschsprachige in Pruntrut.

Isabelle Ott-Baechler, geb. 1954, ist Pfarrerin in der Eglise réformée évangélique du Canton de Neuchâtel (EREN). 1979 wurde sie vom Synodalverband Bern-Jura-Solothurn ordiniert und hatte danach eine der Pfarrstellen in der Pfarrgemeinde von Bévilard inne. 1989 übernahm sie die Leitung der neu geschaffenen kantonalen Jugendseelsorge der EREN und im Juni 1999 wurde sie zur Präsidentin des Synodalrats der EREN gewählt. Im Moment setzt sich ihre Arbeit aus den Aufgaben in der Pfarrgemeinde von Joran sowie den Coaching-Aufträgen und den Aufträgen als Ausbilderin zusammen.

Maja Peter, geb. 1969, ist mehrfach ausgezeichnete Schriftstellerin und lebt in Zürich. Ihr erster Roman «Eine Andere» erschien 2011 im Limmat Verlag, der zweite «Nochmal tanzen» im März 2013 (www.majapeter.com). Die Predigt «Wo sich Gott verbirgt» ist im Auftrag des Offenen St. Jakob in Zürich entstanden. Dort beschäftigte sich Maja Peter 2013 im Rahmen einer Dialogpredigt mit Pfarrer Marcel Cavallo auch mit Lydia, der Purpurhändlerin («Ich, Lydia»).

Etienne Rochat-Amaudruz, geb. 1951, ist Pfarrer in der Eglise évangélique réformée du Canton de Vaud. Nach seiner Ordination 1976 hatte er nacheinander Pfarrstellen in Pâquier-Démoret und Prilly-Jouxtens inne. Im Moment übt er das Pfarramt in Cheseaux-Romanel aus. Er ist Koautor des Theaterstücks «Les Fourberies de Calvin», das dem Genfer Reformator 2009 gewidmet worden war. Gemeinsam mit Kollegen schreibt er humoristische Aufführungen für das Espace Culturel des Terreaux (Lausanne), «Trois ministres sur un plateau».

Pascale Rondez, geb. 1968, Dr. theol., ist Pfarrerin in der Zürcher Landeskirche. Promotion im Fachbereich Neues Testament zu den Bildworten Jesu, ausgehend von der interdisziplinären Fragestellung nach ‹religiöser Erfahrung›. Im Gemeindepfarramt auf der Forch in der Kirchgemeinde Maur tätig. Sprachfindung christlichen Glaubens und existentielle Zugänge zu biblischen Texten stehen in ihrer Arbeit im Zentrum. Publikationen: Alltägliche Weisheit? Untersuchung zum Erfahrungsbezug von Weisheitslogien in der Q–Tradition (AThANT 87), Zürich 2006; Kommentar zum Markusevangelium, in: Krieg, M./Schmid, K. (Hg.), Erklärt – Der Kommentar zur Zürcher Bibel, Zürich 2010.

Verena Salvisberg, geb. 1965, ist Pfarrerin in der reformierten Landeskirche Aargau. Aufgewachsen mit drei jüngeren Geschwistern auf dem elterlichen Bauernhof im bernischen Seeland. Besuch des Gymnasiums Neufeld in Bern, Studium der Psychologie und Pädagogik in Bern, Studium der Theologie in Zürich. 13 Jahre Gemeindepfarrerin in Laufenburg, seit Juni 2013 in der reformierten Kirchgemeinde Frick. Ausgebildete Bibliodramaleiterin (Wislikofer Schule). Seit 2006 Dekanin des Dekanats Brugg. Verheiratet, vier Kinder.

Caroline Schröder Field, geb. 1966, ist seit 2011 Pfarrerin am Basler Münster. Sie wuchs in Siegburg, Deutschland, auf und studierte Theologie in Bonn, München und Durham (NC). In ihrer Dissertation stiess sie auf Grundfragen theologischer Anthropologie. Von 2005 bis 2011 war sie Pfarrerin der methodistischen Gemeinde in Winterthur. Seit 2007 wirkt sie bei DRS 2 als Radiopredigerin mit. Sie ist verheiratet und hat zwei Söhne. Publikation: «Gottes Kraft ist in den Schwachen mächtig (2Kor 12,9). Varianten des Leistungsverständnisses zwischen Sozialdarwinismus und biblischer Anthropologie», in: Theologie für die Praxis Jg. 35, Heft 2/2009.

Stefan Weller, geb. 1964, ist Pfarrer der Evangelisch-methodistischen Kirche. Er wuchs in der DDR auf. Theologiestudium in Bad Klosterlausnitz. Die erste Pfarrstelle in Dessau war mit der friedlichen Revolution verknüpft. 1998 wurde er Leiter des ostdeutschen Kinder- und Jugendwerks. Seit 2006 lebt er mit seiner Familie in Wädenswil. Er ist logotherapeutischer Berater und Leiter einer europäischen Liturgie-AG. Publikationen zur Kirchenmusik sowie Liedtexte.

Herausgeberin und Herausgeber

Simon Butticaz, Pfr. Dr. theol., geb. 1980, Projektleiter Predigtpreis beim SEK und Dozent für Neues Testament an der Theologischen und Religionswissenschaftlichen Fakultät der Universität Lausanne.

Line Dépraz, Pfrn., geb. 1967, Synodalrätin der Evangelisch-Reformierten Kirche des Kantons Waadt und Präsidentin der französischen/italienischen Jury des Predigtpreises.

Gottfried Wilhelm Locher, Pfr. Dr. theol. Dr. h. c., geb. 1966, Präsident des Rates des Schweizerischen Evangelischen Kirchenbundes SEK.

Niklaus Peter, Dr. theol., geb. 1956, Pfarrer am Fraumünster in Zürich und Vizedekan des Pfarrkapitels Zürich, Präsident der deutschen/rätoromanischen Jury des Predigtpreises.

Jury für die deutschsprachige und rätoromanische Schweiz

Niklaus Peter, Dr. theol., geb. 1956, Pfarrer am Fraumünster in Zürich und Vizedekan des Pfarrkapitels Zürich, Präsident der deutschen/rätoromanischen Jury des Predigtpreises.

Ivana Bendik, Pfrn. Dr. theol., geb. 1961, von 2000 bis 2009 Pfarrerin am Universitätsspital Basel, Pfarrerin in Chur Altstadt.

Walo Deuber, Dr. phil., geb. 1947, Germanist und Historiker, Regisseur und Drehbuchautor bei Spiel- und Dokumentarfilmen, Dozenturen für Filmtheorie.

Chatrina Gaudenz, geb. 1972, Religionswissenschafterin und Radiojournalistin, veröffentlicht Lyrik.

Ralph Kunz, Prof. Dr. theol., geb. 1964, Professor für Praktische Theologie mit den Schwerpunkten Gottesdienst und Seelsorge an der Theologischen Fakultät der Universität Zürich.

David Plüss, Prof. Dr. theol., geb. 1964, Professor für Praktische Theologie an der Theologischen Fakultät in Bern.

Jury für die französisch- und italienischsprachige Schweiz

Line Dépraz, Pfrn., geb. 1967, Synodalrätin der Evangelisch-Reformierten Kirche des Kantons Waadt und Präsidentin der französischen/italienischen Jury des Predigtpreises.

Didier Halter, Pfr. Dr. theol., geb. 1963, Direktor des Office Protestant de la Formation in Sion.

Simona Rauch, Pfrn., geb. 1970, Pfarrerin der evangelisch-reformierten Gemeinde in Vicosoprano.

Kristin Rossier Buri, geb. 1947, Erwachsenenbildnerin und Supervisorin (ARS), Vizepräsidentin des SEK-Rates, Pfarrerin im Ruhestand in der Eglise évangélique réformée du Canton de Vaud.

Paolo Tognina, geb. 1964, Theologe, Redaktor der «Voce evangelica», von «Chiese in Diretta» (RSI I), «Tempo dello Spirito» (RSI II), «Segni dei Tempi» (RSI La1).